ほりしぇん副校長の教育談義

悩み多き中学生のキミへ、
そして若き教師に向けて

堀内雅人

はじめに

「教育談義」などという、古めかしく仰々しいタイトルを付けましたが、現場の教員の目線で見えてくる学校の風景、子どもが成長する瞬間に立ち会った感動、授業について、また新しい時代に必要とされる取り組みについて、肩ひじ張らずに読んでいただければと思います。私は東京都三鷹市にある明星学園小・中・高等学校の国語科の教員として長く中学生と接してきました。その後、中学校の副校長として十年間を過ごしました。

副校長というのは、面白いものです。授業はわずかしか担当できませんが、逆にある距離感の中で全体を見ることができます。時に、担任をしていた時以上に深くかかわることになる生徒があらわれたりします。ふらっと教室に入って授業をのぞくこともできました。そこではさまざまな気づきがありました。学校の外の世界ともつながることができます。保護者の皆さんとは学年や小中高の枠を超えて広く接するようになりました。忙しいと言ってしまえばそれまでです。私にとってはとても自由で充実した時間でした。

そのような日々の中で感じた生徒の姿、子どもたちに伝えたかったこと、それまでに授業で挑戦してみたことを文章でまとめてみました。時代はめまぐるしく変わります。それでも、学校という場があり、生徒と教師がいる限り、絶対に変わらないものがあるはずです。

これらの文章の多くは、生徒や保護者の皆さんに向かって直接話したり、通信として届けてきたものです。中学生に何かを伝えようと思って書くとき、私の頭の中には常にその時々の具体的な生徒の表情が浮かんでいました。それこそ一人の「キミ」に対してでした。今振り返ってみるとき、そのことはありませんでした。中学生という漠然とした存在に対して何かを語ろうと思ったんな「キミ」はどこの学校のどの教室にもいるように思うのです。だからこそ、保護者の皆さんにも、そんな「キミ」の姿を理解してもらおうと話してきたように思います。

今回、書籍化にあたり編集作業をしながらこれらの文章を読み返してみると、生徒や保護者の皆さんに宛てて話したものでありながら、実は同時にその場にいる同僚の若い先生方に向かってこれらの言葉を伝えようとしていた自分にも気づきました。

サブタイトルに「悩み多き中学生のキミへ、そして若き教師に向けて」とつけた所以です。

もくじ

【第Ⅰ部】中学生の風景

学校空間にはさまざまなドラマが転がっています。それを単なる点で見るとき、それらは日常の中に埋没していきます。でも、一人の生徒に寄り添い、その背景にある声に耳を傾けようとするとき、人に伝えずにはいられないドラマとなってあらわれます。そしてそれは親御さんさえ気づいていない子どもの姿だったりするのです。

「この文章、お母さん絶対に読んで！」そう娘に言われたという保護者の方が私に声をかけてくれたことがありました。思春期に悩むことは大切なことです。でも、なかなかそれを言語化することはできません。だからこそ、孤立感が深まります。とても苦しいと思います。そんな時、単なる正論や常識は何の役にも立ちません。でも、その葛藤はうまく乗り越えさえすればきっと大きな果実となって自分に返ってきます。そんな中学生の成長の瞬間に何度も立ち会うことができました。「今悩んでいることは、絶対に無駄にはならないよ。大丈夫だよ。」そんな気持ちで書き綴った文章です。悩み多き中学生にこのエッセイが届いたとしたら、こんな嬉しいことはありません。

1　新入生との出会い　―自分の居場所づくり

　四月になると、毎年期待と不安を胸いっぱいにして新入生が入学してきます。私は中学校で三十年以上、国語科の教員として教鞭をとってきました。何回経験を積もうとこの日の生徒との出会いの瞬間には震えがおこります。全員の目がこちらを向いています。教室に入った彼らに、緊張しながらも私が必ず伝えることがあります。「分からないことは分からないと言っていいいんだよ。」「みんなが明るく元気になんて思わなくてもいいよ。この学校には休み時間、静かに本を読むのが好きな子だっています。みんなが同じである必要はない。お互いにそれを尊重しよう。たぶん、中学校三年間の中ではうまくいかなかったり、嫌なことにもきっと出会うと思う。そんなとき、ホッとできる場所があれば人はやっていけます。そのためにはだれかに合わせたり、何かしてもらうのを待つのではなく、自分で居心地のいい自分の居場所を見つけることがとても大切なことだよ。」

　あえてこのようなことを言うのは、実は無理をしている生徒が思いのほか多いということです。友だちができなかったらどうしよう。嫌われたりしないかな。小学校で味わったようなことはもう嫌だ。「友だち一〇〇人できるかな……」なんて歌もあります。家に帰れば「仲のいい友だちできた？」なんて親御さんに言われてしまいます。これがまたプレッシャーになります。親に心配をかけたくない、そんな気遣いをしてしまう子も少なくないのです。四月はみんな頑張りすぎてしまいます。あせらないこと。無理をしないこと。自然体でいること。当たり前にやるべきことをやっていること。そうすることで、いろいろなものがつながっていくようにできています。でも、これが一番難しいことですね。友だち作りで早さや人数を競ってみても意味はありません。そのことだけを頭の片隅に置いておいてもらえればけっこうです。

数年前、こんな場面に遭遇しました。それは中学校卒業式の翌日のことでした。学校はお休みのため職員室は閑散としています。夕方になると私のほかには二人の先生しか残っていませんでした。そして、二人の先生が帰り支度を始めていたときのことです。突然昨日卒業したばかりの女子生徒が一人、お母さんと一緒に現れました。彼女が会いたかったのはまさにその二人の先生、現担任と元担任の先生だったのです。もう五分遅かったら会えなかったでしょう。「先生！　合格したよ！」笑顔です。他の生徒がほとんど内部進学で系列の高校へ進学する中、彼女は一人外部受験を考え、しかも進学先が決まらないまま昨日卒業式に出席し、卒業を祝う会に参加していたのです。さぞ、つらかったことでしょう。でも、合格しました。本当に良かった。彼女も先生たちも笑顔で、でも、何かそれだけでは足りない、不思議な空気が流れていました。彼女が先生たちと欠席や遅刻のことでよくぶつかっていたのは知っています。「どうして学校に行かなくちゃいけないの？」「何のために勉強するの？」「内部進学できなくてもかまわない！」

　彼女は職員室から出ようとすると、急に立ち止まり、振り返りました。「〇〇ちゃん（元担任）！　私、シロクマが北極という自分の場所を見つけたように、私もきっと自分の居場所を見つけるね！」先ほどまでの笑顔とは違う、彼女の真っ直ぐな美しい本当の表情を見た気がしました。その瞬間、彼女と先生とが、何か熱いもので一気につながった波動のようなものを強烈に感じました。たぶん、先生が過去のある時点で彼女に伝えた言葉があったのでしょう。ただ、彼女はそれにすぐ応えはしなかった。表面的には反発すらした。でも、その言葉は彼女の心の中で生き続けていた。先生も多分、彼女に言われるまで忘れていたであろう言葉、いま彼女の言葉を聞いてよみがえってくる情景。不思議なことにそんなイメージが一瞬のうちに私の心いっぱいにふくれあがりました。涙がこぼれそうになりました。

　後で先生に聞きました。「どんな話をしたの？」「実は、シロクマの話、三年前、入学式の日のホームルーム、最初の出会いの日に話したんです。シロクマはハワイで生きる必要はない。シロクマは北極という自分の居場所を見つけた。みんなもこの三年間で自分の居場所を見つけてほしいって。私の好きな梨木香歩さんの言葉なんです。」

　この一人の生徒の発した言葉は、悩み、葛藤した三年間の中学校生活が、自分の居場所を見つけるための本当に貴重な時間であったと自覚した証であり、それを最後の最後に先生に伝えることができた喜びに満ちていました。何か「言葉の持つ美しさと強さ」を見せてもらったような気がしました。「合格したよ」の笑顔の何千倍も美しいものを彼女は残して卒業してくれました。

話は変わりますが、最近、未成年の少年少女が絡んだ痛ましい事件が立て続けに報道されています。「ああいうやつは、特別なんだ。どうしようもないやつだよ。だから自分には関係ない」と言ってしまえば、それで終わってしまいます。それ以上、考えないで済んでしまいます。でも、本当にそれでよいのでしょうか？

彼らには〝自分の本当の居場所〟というものがあったのでしょうか？　もちろん、ＬＩＮＥですぐにつながるたくさんの友だちはいたのでしょう。深夜に一緒に遊ぶ仲間もいたのでしょう。でも、本音で自分の弱さをさらけだし、支えあえる関係がそこにあったのでしょうか？もちろん本当のところは分かりません。でもどう見ても、彼らにとってのＬＩＮＥや仲間というのが見せかけの居場所、もっとはっきり言えば、自分で選んでいるようで逆に自分自身を束縛するものになっていたように感じてしまうのです。

私は、人間にとって一番大切なものの一つに〝自分の居場所〟を挙げたいと思います。〝自分の居場所〟とは、自分が素でいられる場所、無理をせず、それでいて自分の持っている力を精一杯発揮できる場所のことです。幼かった頃、それは親が与えてくれるものでした。そして学校が与えてくれるものでした。思い通りにいかなければ文句を言い反発するか、あるいは我慢をするかしかできなかったでしょう。しかし、中学生にもなるとそこに満足できなくなっていきます。なぜなら、人から与えられた場所は、いくらそれが立派なものであったとしても、所詮自分のものではありません。そこで満足などできるはずはないのです。思春期の前期に、何ごとに対してもイライラしてしまうのは当然のことであり、ある意味成長の一段階であるとも言えるのです。

本来の〝自分の居場所〟とは、与えられるものではなく、自ら見つけるものです。もちろん、そう簡単なことではありません。ただ、この世の中、思い通りにいかないことなんか、いくらでもあります。それを家庭のせい、学校のせい、社会のせいにしているだけでは、事態は何も変わらず、イライラばかりがつのってしまいます。

中学校時代の生活は、〝自分の居場所〟を自ら見つけるための時間でもあります。自分の居場所を見つけるためには、自分を知らなければなりません。でも、自分のことを一番知らないのが、意外にも自分であったりします。やる前から〝どうせ自分は〟とあきらめてしまう。これは大人でも言えることです。目の前にあることに一生懸命挑戦し、発見や失敗を繰り返しながら自分を知っていく。時には、日常を離れ、未知の空間に自分を置いてみる。そこでの出会いは、自分にもこのような面があったのかという発見、そして新たな世界で自分を試してみようという勇気を得る、大切なきっかけともなります。もちろん、挑戦には失敗がつきものです。

でも、そこにいつまでもこだわる必要はありません。次を考えればいいのです。シロクマは進化の過程で、北極という自分の居場所を見つけました。動物たるもの、アフリカのサバンナでなくちゃ、なんていうことはどうでもいいことです。でも、人間はこういうことを気にし、本当の自分の居場所を見つけるチャンスを失ってしまいます。他の動物には寒すぎて生きることのできない北極がシロクマにとっては、最も居心地のいい場所だったのです。「シロクマはハワイで生きる必要はない」。ぜひ皆さんにとっての最高の〝居場所〟を見つけてください。

『西の魔女が死んだ』を書いた小説家の梨木香歩さんが、あるエッセイで自分の居場所を持つことの大切さについて次のようなことを語っています。

《ちょっとがんばれば、そこが自分の好きな場所になりそう、というときは、骨身を惜しまず努力する。》そして、この先でもう一つ、彼女は大事なことを述べています。そこが自分の居場所ではないと感じたときです。

《逃げることは恥ではない。津波が襲って来るとき、全力を尽くして逃げたからと言って、誰がそれを卑怯とののしるだろうか。／逃げ足の速さは生きる力である。／津波の大きさを直感するのも、生きる本能の強さである。／いつか自分の全力を出して立ち向かえる津波の

大きさが、正しくつかめるときが来るだろう。／そのときは、逃げない。》
（梨木香歩『不思議な羅針盤』新潮文庫所収「『西の魔女が死んだ』の頃」より）

挑戦する勇気と逃げる勇気、けっして相反するものではありません。変なプライドにこだわらず、挑戦してみること。失敗はつきものです。中学校時代は、できるだけたくさんの失敗をしてみることです。それがこれからの人生で致命的な失敗をしない最良の方法であると思います。

もちろん、これが最も難しいことであることも分かっています。そのために学校は、それを乗り越えてもらえるようなプログラムを作ります。それは、コインを入れれば希望のものが出てくるようなシステムではありません。それは日常の授業や教科外のさまざまな活動の中でキミたちを立ち止まらせ、自分と向き合うきっかけを作る仕組みのことです。その一部をこれから具体的にお話していきたいと思います。

2 教員としての原点

ここで自己紹介のようなことをさせていただきます。私は三鷹市の井の頭公園の近くにある明星学園中学校・高等学校で三十数年、国語の教員として主に中学生の授業を担当してきました。よく人から「なぜ、教員になったのですか?」という質問を受けます。実は大学を選ぶときに、恥ずかしながら明確な目的があったわけではないのです。将来の職業の選択肢の一つに漠然と教員というものがあったのは事実です。ただ教員になるのなら国語以外にはないということは思っていました。しかし、受験した学部・学科は国文学のほかに英文学と心理学、さらに医学部といった具合です。今から考えれば、自分の将来をどこの大学に受かるかに任せていたといったところです。その程度にしか自分の将来について考えていなかったということです。

進学することになったのは早稲田大学教育学部の国語国文学科でした。入学してからは、それが運命と前向きに受け入れました。ただ、人の前に立つのは嫌い、目立つこともできるなら避けたい、人前で話すなんてとんでもないという人間でしたので、自分が教師になるというイメージはまだまだ漠然としたものだったように思います。

そんな時、塾講師のアルバイトを手伝ってもらえないかという話がまいこんできました。深く考えることもなしに引き受けてしまいました。持ったクラスは中学二年生。一クラス二十人定員です。十九歳の時でした。生意気盛りの十四歳が相手です。新米の若い兄ちゃんをからかおうというのがよく分かります。こちらは余裕がないので、馬鹿にされてたまるかという一心です。授業がうまくいくわけがありません。もちろん何人かの生徒は、若いというだけで、親しげに近寄ってきてくれます。授業中も前のほうの席で質問にきちんと答えてくれます。でも教室の後ろの子たちは、完全に斜に構えて、授業妨害と言いたくなる言動をしてくるのです。こちらも頑なになり、彼らを相手にせず、きちんと授業を受けている前のほうの子たちだけに向かって授業をする日々が続きました。それでいいとは、自分でも思ってはいませんでした。自分は教師に向いていないなとも感じていました。ただ、自分から塾長にやめさせてくれというのは、それだけは嫌だなという自分がいました。その代わり、塾長から「クビだ！」と言われれば、潔く「ご迷惑をおかけしました」と、引き下がるつもりでした。

そんなある日のことです。授業が終わり、荷物を片づけ外に出ました。建物の横には駐輪場がありました。そこに、いつもいわゆる悪ガキたちがたむろしているのです。その前を通らなければなりません。いつも足早に通り過ぎていました。ところがその日、突然ある女子生徒が近寄ってきて「先生！」と声をかけてきたのです。いつも、授業をきちんと受けていない生徒の一人でした。初めてその子から「先生」と呼ばれたのです。「先生、なんで今日私を怒ってくれなかったの？」私には恥ずかしながら彼女の言っている言葉の意味が分かりませんでした。「どうして?」「私、授業中、後ろのドアから抜け出したんだよ」。気づいていなかったのです。それから「なんで怒ってくれなかったの」の本当の意味がやっと分かりました。「なんで私のこと見てくれていないの?」冷水を頭からかけられた思いでした。

その瞬間こそが、私の教師としての出発点だったと断言することができます。悪ガキだと思っていた子たちの繊細さに気づきました。「先生! 先生!」と近づいてくる子たちの何十倍も、私のことを注意深く観察してくれていることにも気づきました。もちろん彼らの授業態度がその後急によくなったというわけではありません。でも、かならず帰りに駐輪場で私を待ってくれていて、私にもっとこうしたほうがいいよとか、教室の中ではしない本音の話を素直に話してくれるようになりました。彼らはまさに私にとっての教師のような存在でした。

3　漱石と教育

大学を卒業後、さらに一年間早稲田の専攻科で国語国文学を学びました。現場で教員をされている方も何人かいらっしゃり、大きな刺激を受けました。専攻科は夕方から始まるので、午前中は私立高校の非常勤講師として授業を行い、空いている曜日の夜は塾の講師をしていました。

専攻科では、漱石を中心に研究しました。とはいえ、文学研究などと呼べるほどのものでは全くありません。非常勤の授業に追われる日々でした。それほど甘いものではありません。ただ、いつのまにか教育について考える時、漱石という存在を意識している幼い自分がいたことに気づきます。

∴わが国はペリーの来航以来、常に他国による侵略の脅威を感じていた。西洋に追いつけ、追い越せということが国家的至上命令とされていたのである。そのような中で人々は立身出世を志した。漱石もまた、英国留学を通じて当時の知識人たちと同様に西洋合理主義を身につけて帰ってきた。英文学者としての知識は、今から考えると驚くばかりである。

だが彼はそこに満足できなかった。西洋合理主義や知識というものを人一倍尊重しながらも、それだけでは片づけることのできない何かを感じ取っていたのだ。それはつまり、心の問題である。他との間で起こったものを自分の問題としてどう捉えるかという、人間個々の倫理の問題である。人間というものを知性・立身出世主義という面だけで捉えること、また逆に、情操・心の面だけで捉えようとすることはたやすい。だが、その中間に立って、人間の持つ矛盾や不条理に目をそらすことなく直視したところに彼の偉大さがあったと思う。・・・

これは専攻科の時代に書いた拙文の一部ですが、教員生活のスタートにあって、自分勝手な解釈ではありながらも、二つの視点の間に立ち、葛藤しながらも現実を冷静に直視しようとする漱石に出会えたことは幸運であったと、今になって感じるところです。

漱石には同時代の「自然主義」作家たちとは違う世界的視野を持ち、時代を読む目があったように思います。だから苦しいわけです。「耽美派」の谷崎や荷風のように自然主義の現実暴露に反発し、美の追究に走ることもしない。明治という時代に真正面から向き合うわけです。青春小説のように言われる『坊っちゃん』にしても、けっして明るい小説ではありません。まっすぐで世渡り下手の坊っちゃん、教頭に迎合することをせず自分の考えを持っている数学教師山嵐、坊っちゃんは江戸っ子であり、山嵐は会津です。合理主義的で人間関係に聡く、言葉巧みに人の心を操ろうとする教頭赤シャツと、まさに教頭の太鼓持ちの美術教師野だいこ。うまくいくはずはありません。最後の最後に坊っちゃんは、山嵐と協力して赤シャツたちを懲らしめるわけです。胸がスカッとする場面です。しかし、その後坊っちゃんはどうなったでしょうか。山嵐はどうなったでしょうか。作品の最後の部分で、寂しいその後の人生を予感させる記述があります。逆に赤シャツは出世街道を突き進んでいくでしょう。そういう描き方がされています。「江戸・会津」対「薩摩・長州」の構図です。漱石は薩長が主導する近代国家日本を単純に否定しているわけではありません。彼は避けることのできない事実としてそれを受け止め、それが行きすぎたときの日本を憂うわけです。作品を通して思考するわけです。どちらかに肩入れすることは簡単です。時代の波に乗ることができれば、その時代における名声は勝ち取れるかもしれない。でも、漱石は時代の潮流にある自然主義にも反自然主義にも与しませんでした。だから普遍性を持ち得たのだと思います。

教育も、ある一つの立場に立つことは簡単で、だからこそ塾の教師は目的と結果がすぐにつながるわかりやすい世界でした。その中にいても葛藤している塾の先生たちはたくさんいました。学校教育というのは時代が変わろうと、その二つのベクトルを含みこみながら実践していくべきだということを未熟ながらに感じ、その後も常に意識してきたことです。

4 「ふつう」でなければいけないか？

もう三十年近く前になるでしょうか。明星学園に勤め始めた私にとって夕方から夜にかけての時間は、先輩の先生たちの教育論や具体的な指導法についての、議論とも喧嘩ともつかないやりとりをきくことに費やされていました。何軒かの決まった飲み屋がありました。もちろん新米教師とて常に第三者として安全な場所にいられるわけではありません。酔った勢いで何度も、簡単には答えようのない質問をふっかけられもしました。豊かで濃密な時間でした。

前後は覚えていません。ある先輩教師が「たしか小林秀雄が書いていたと思うんだが」と切りだしました。「個性的な人間というより、変わり者といったほうがどこか人間的な温かみを感じないか？　個性なんて、教育で育てるようなもんじゃないんだよ」。新鮮な言葉でした。『自由の大切さ』『個性の大切さ』は多くの学校で教育目標に掲げています。明星学園においてはなおさらです。その本当の意味について吟味することなく、否定しようのない言葉としていつのまにか受けとめていました。その後、会話がどう発展したのか、あるいはそれだけで終わったのかは全く記憶にありません。しかし、翌日私は小林の『考えるヒント』にねらいをさだめ、さっそく書店で文庫本四冊を買い求めていました。「個性」をキーワードに斜め読みを始め、ついにその箇所をみつけました。なぜか、当の先輩の先生にも話さず、秘やかな作業でした。

《誰も、変わり者になろうとしてなれるものではないし、変わり者振ったところで、世間は、直ぐそんな男を見破って了《しま》う。つまり、世間は、止むを得ず変わり者であるような変わり者しか決して許さない。だが、そういう巧まずして変わり者であるような変わり者は、世間は、はっきり許す、愛しさえする。個性的であろうとするような努力は少しもなく、やる事なす事個性的であるより他はないような人間の魅力に、人々はどんなに敏感であるかを私は考える。と言うのは、個性とか人格とかの問題の現実的な基礎は、恐らくそういう処にしかない、これを掴まえていないと、問題は空漠たる言葉の遊戯になるばかりだ、と思えるからである。》

（小林秀雄『考えるヒント』文春文庫所収「歴史」より）

今まで何度かこの言葉に救われてきました。その度ごとにそのときの自分や状況に引き寄せて考えることのできる不思議な言葉でした。そして、その度ごとに肩の荷がおりるような気がしました。

とりたてて個性的になろうと自分にプレッシャーをかけることなど必要はない。いや、それ以上に自分を変わり者と見られることを恐れる必要はない。変わり者、上等ではないか。変わり者が変わり者として生きられる社会こそ居心地の良い社会だと思います。そこには本当の意味での人間と人間との関係が生まれてきます。そもそもそう簡単には変わり者にはなれないのです。

「変なやつって言われた！」たぶん今までに何十人という生徒がこんな言葉で助けを求めてきました。その度ごとに「変なやつでいいじゃないか。おれだって変な先生なんだから。普通ってどういう人なんだよ？」と問い返してきたと思います。（「何言ってんだ、この先生は！」と別の意味でヘンなヤツと思われてしまったかもしれませんが。）

みんなが同じように仲良く、そんなコミュニケーション能力など、息の詰まるような関係の上でしか成り立ちません。毎年百数十人の新入生が中学校に入学してきます。変な生徒とそれに輪をかけた変な先生たちが、中学校での生活を一緒に創っていく。そう考えると愉快ではないでしょうか。

5　本当の厳しさとは何か？

「厳しい先生」「やさしい先生」、そんな言い方をよくされます。しかし、厳しさとはいったいどういうことを指すのでしょうか？　すぐに大きな声で叱る先生を「厳しい先生」というのでしょうか。それとも要求度の高い先生を「厳しい」というのでしょうか。要求度が高くても、やさしく教えてくれたら？　訳が分からなくなってしまいます。職員室で同僚と話していると、教員の間で「厳しい」と思われている先生と、生徒の間で「厳しい」と思われている先生が全く別だったりすることがあります。私自身も卒業生から「やさしくていろいろ相談にのってもらえた！」と言われることもあれば、「怖くて、自分から話しかけることができなかった！」と、卒業後になって初めて言われることもありました。

私は、「厳しさ」と「やさしさ」は相対立するものだとは考えません。本当に生徒と真剣に向き合っている先生なら、どちらも備わっているものでしょう。表面的な「厳しさ」や「やさしさ」にとどまっている限り、見えないものがあります。自分自身を振り返れば何とも恥ずかしいばかりです。

かつて、ある先輩の言った「明星学園は〝柔らかな鍛錬主義〟の学校だ」という言葉が、なぜか今でも私の心に強く残っています。「明星学園」と「鍛錬」という一見不似合いなつながりが、「柔らかな」という言葉をつけた瞬間、私の中でしっくりおさまりました。その当時の私は、明星の言う「個性尊重・自由・平等」が「鍛錬主義」と相反するものだといった常識に、ある違和感を持っていました。本当に「鍛錬」は「個性」をつぶすものだろうか？「個性」をみがくためにこそ「鍛錬」が必要な時もあるのではないか？ しかし、その違和感について語る言葉を当時の私は持っていませんでした。ただ、感覚として感じていただけです。「言葉」は、使われていくうちに手垢がついていきます。「善・悪」「右・左」「新・旧」といったように単純な二項に分類され、与えられたイメージと引き換えに、その言葉が本来持つ大切な何かが失われていきます。言葉から意味が失われた時、それを使う人間の心もまた単純化されていきます。「鍛錬」という言葉には「根性」「管理」「苦しい」といったイメージがつきまといます。そのイメージと明星学園とは結びつきません。しかし、「個」を伸ばすために必要な「鍛錬」も絶対にあるはずです。〝柔らかな鍛錬主義の学校〟――この言葉は、私の明星学園に対するイメージを最も端的に表す言葉となり、試行錯誤を続けていた私が、先輩教員たちとこの感覚を共有しているのだという安心感を得たときでもありました。

一部の学校では、今でも登山行事や遠泳、歩行大会などを実施しているところがあります。

本校においても中学校一年生による八ヶ岳登山は、伝統的な行事です。中学一年生全員が八ヶ岳最高峰の赤岳（二八九九メートル）に登るなどという学校はそうはありません。長野県の地元の中学校でも多くは硫黄岳登山です。「鍛錬主義」はここでも生きています。高山では自分の足しか頼るものはありません。もちろん、車もコンビニもありません。立ち止まれば自分が遅れるだけです。ではなぜ「柔らかな」なのか？　明星学園の登山が、山ですれ違う他の学校と異なるところがあります。他のほとんどの学校は、全員が一列になって歩いています。引率の先生はトランシーバーを手にし、集団が離れないよう連絡を取り合っています。それに比べて明星は、全員を登らせることは同じであっても、全体を九〜十人グループ十六班に分け、グループごとに教員がつきます。子どもたちの体力はさまざまです。足の強さも一様ではありません。足の速い子に合わせるとグループは崩壊してしまいます。弱い子を先頭にし、体力のある子には全体を見る役割を与えます。たった二泊三日であっても、そのグループの中では大きなドラマがあったり、成長があったりします。明星の教育・授業を象徴しているとも言えます。グループを引率する教員の力量も問われます。力量とは体力ということではありません。子どもたちの様子を観察する力、疲労の度合い、わがままの見極め、グループを「同質の個」の集団としてまとめるのではなく、「異質の個」を互いに認め合えるようにまとめようとする志向性。

昔から山で生徒を引率するとき、教師がやってはいけないことをいくつか言われてきました。

一つは、疲れ切った子どものリュックを教員が一人で背負わないこと。その教員に体力的な余裕があるかないかは関係ありません。その子のリュックの中身は、グループの生徒みんなで分担する。もう一つは、生徒を背負うこと。本当にそうしなければならない非常事態の時は、小屋に何とか連絡を入れ、助けを求める。今になってやっとその意味が分かるようになってきました。山は非日常です。日常の常識が山では非常識であることも多々あります。大人だろうと子どもだろうと自分のことは自分で守らなければなりません。自分を守れない人間が他の人を守ろうとしたとき悲劇が生まれます。もちろん、「本格登山」と「学校登山」はちがいます。でも、自然の厳しさを忘れてはいけません。自然の厳しさの前では、謙虚さが求められます。

6　学校は何のためにあるのだろう？

中学校は、何のためにあるのでしょうか。今の時代、インターネットで多くの情報を得ることができます。ＳＮＳで多くの世界中の人とつながることも可能です。大学の授業さえ、ネットで受講することが可能な時代になってきています。好きなことを好きな時間に自分のペースで受講することができるわけです。そこでは、煩わしい人間関係で悩むこともありません。いじめも不登校という概念すらなくなるでしょう。

たしかに今後、これまでの小中高、そして大学へと、入試に対応するための勉強という形から、さまざまな学びの形、道筋が生まれてくることでしょう。これまでは、もしかすると中学校に通う目的など深く問い直されることはなかったのかもしれません。義務教育だから。社会に出たときに常識として知っていなければいけないことを学ぶため。それは当たり前のこととして、受け入れられてきたように思うのです。

しかし、学びの場が学校以外にこれほど広がった現代、改めて学校の存在理由が問われます。特に中学校の意味とは何なのか、ここで考えてみたいと思います。それは、どういう学校にしていかなければならないかを考えることでもあります。

私は現代の中学校の役割は、自分が将来どう生きていくか、どういう進路を選ぶか選択するための基礎的な力を身につけることにあると思います。そのためには、バランスの良いカリキュラムが必要になります。芸術教科の大切さを思います。世界の広さを知る必要があります。自分としっかり向き合うことを学ばねばなりません。入試に対応するための合理的なカリキュラムが、バランスが良いとは思えません。こと中学校においては、選択授業を多くし、自分の好きなものを勉強することが、誰にとってもいいことだとも思いません。そもそも中学時代に自分のことをどれだけ分かっているのかと思うのです。小学校時代のちょっとした出来事から、苦手意識を持ってしまったということもあるかもしれません。勉強そのものではなく、それを教えてくれた先生との相性が悪く、それを理由に授業にきちんと向き合えなかったということはありませんか？

中学時代に自分の好き嫌いを決めてしまうのは本当にもったいないことだと思います。それは、自分の可能性を狭めてしまうことでもあります。まだまだ経験していないことがたくさんあるはずです。本気で挑戦してもみないで、面白さが感じられるはずはありません。やってみなければ分かりません。それは親のためでも、先生のためでもありません。そして面白さを感じたとき、人はもっと頑張ることができます。

だからこそ先生は、面白い授業をしなければなりません。もちろんそれは、芸人さんのような面白さを期待しているわけではありません。学問することの面白さを伝えることです。驚きと発見のある授業です。できるできないという評価軸だけではない、対話のある授業場を目指すことです。生徒の好奇心に応えることのできる授業に出会ったとき、生徒は大きく成長します。だからこそ小学校時代の担任の先生と違い、教科ごとに先生が次々に変わる中学校の専科体制が意味を持ちます。このようなさまざまな出会いがあって、はじめて自分は何が本当に好きなのか、どのような道に進んでいきたいのか、おぼろげながらでも考えるスタート地点に立つことができるのだと思います。

そしてもう一つ、多様な人と一緒に考える、共に何かに取り組むという経験をすることも学校の役割として大きなものです。学校ではクラスに所属することになります。その教室で出会うクラスメートは自分で選べるわけではありません。これもまた、好き嫌いで選べるわけではないのです。この自分とは違う価値観を持ったクラスメートとの出会いは、時に悩みの種ともなるでしょう。当然です。皆と仲良くなどというのは、きれいごとに感じてしまうでしょう。大切なのは、友だちか友だちではないか、好きか嫌いかの二つにはっきり分けることはないということです。もちろん好きな友だち、嫌いな友だちはいることでしょう。でもそれはほんのわずかなはずで、そのどちらでもない人たちが実はほとんどなのだと思います。その人たちとどう接していけるかの方が重要だと思うのです。そういう人のことを含めて友だちと呼んでもかまいませんが、どちらにしても二元論で考えると苦しくなります。相手とどういう距離感で接するか、実は友だち関係の悩みは自分が変わればうまくいくことがほとんどです。自分が変わるというのは負けではありません。強さです。

論語に、『知者は水を楽しみ、仁者は山を楽しむ』という言葉があります。山にはどっしりと落ち着いていて、いつもと変わらぬ安定感というイメージがあります。ぶれることのないやさしさと強さというイメージも加わります。では、山に対比される水にはどのようなイメージがあるでしょうか。中学一年生の授業で生徒と考えたことがありました。「生きていくために必要なもの」、これでは対比になっていません。「山と違って動く」、「入る容器によって形を変える」、「小さな穴であっても、別の場所に移動できる」。水には自由なイメージがあります。その場の状況や相手によって、自分の形を変えながら行動する臨機応変さと豊かな知恵があります。ここで誤解してほしくないのは、自分の形を変えることが必ずしもずるいことではないということです。相手をだましたり妥協しているのではありません。水はどんな容器に入っても、どんな速さで流れても水であることに変わりはありません。自分が自分であるために自分を変えることのできる人こそ「知者」と言えるのではないでしょうか。

7 自由について

皆さん、おとなと子どもとではどちらが自由だと思いますか？ こんな質問をすると意見が分かれるだろうと思います。「子どもは仕事をしないでも済む。遊んでいてもいい。おとなにはやらなければいけないことがたくさんある。たぶん重い責任というものがあるのだろう」。一方こんな意見も出てくるでしょう。「子どもは親の言うことを聞かないといけない。お金を稼げないから、自分で好きなものを買えないし、好きな場所にも行けない」。「では、お金があれば子どもも自由？」 私たちは、自由という言葉をどこか漠然と捉えているように思います。

では、こんな質問をされたらどう答えるでしょうか？ 「生徒の自由を大切にする学校についてどう思いますか？」。数年前、教員を目指している大学生たちに問いかけたことがありました。意見が分かれました。とても大切なことであると答える学生がいる一方、「自由だけでは怖いと思う。自由を第一に考えていたら秩序がなくなってしまうのではないか。先生が大変そうで不安」。こんな回答も少なくなかったのです。これはある面で当然なことのように思います。「自由」をどうとらえるかによって全く異なる意見になりうるのです。互いの意見はすれ違ったままです。

自由とはもともと獲得するものでした。与えられるものではありませんでした。それがいつの頃からか、何でもあり、わがままといったマイナスのニュアンスで捉えられることが起こるようになってきました。現代の学校教育の中での「自由」とはいったい何なのか、まず私の考えを述べておきたいと思います。

学校の中で理不尽な校則がないこと、制服がないといったことは、自由な学校の表面的な事象であって、それをもって自由な学校と言えるわけではありません。自由の本質は、生き方の問題にあります。自分、そして自分をとりまく周りの人間ができるだけ幸せになる選択を自らの責任と意思で選び取ることができることこそが自由であると定義したいと思います。

そこには他者の自由を侵す自由はありません。自分を粗末にする自由もありません。自分さえ良ければという発想からは、結局は他者からの信頼を得ることはできず、自分の幸せにはつながってはいきません。ただ、幸せというものを具体的に考えていくとき、それがだれにとっても同じではないという困難さにぶつかります。それを乗り越えるためには他者の心を思いやる想像力が必要です。

もちろん自分のことでいっぱいいっぱいの時、そんな余裕がないということも当然のこととしてあります。でも、他者の心を想像することは自らの心を客観視することでもあります。異なる視点でものを観ることができなくてはなりません。

自分や周りの人にとって何がより良い選択か自分の頭で考えられること、そしてその先に進んだとき、自らの意思と責任で進む路を決めることができるようになること、このことこそが「自由な学校」の存在理由なのではないかと思うのです。

しかし、選択肢が多いというだけでは、人は身動きが取れなくなってしまいます。自分で選ぶためには、知識も、勇気も、他者との信頼関係も、知恵もなくてはいけない。それを授業や行事、さまざまな活動を通して獲得していくことが、中学校時代の目標であると思います。

このように考えると、初めから自由があるわけではなく、学校は生徒一人一人が「自由になる」ために、「自由に生きる」ことができるようになるために存在することになります。それは「おとな」になるということでもあります。ここで言う「おとな」とは、もちろん年齢上のことではありません。「自由」の裏にある「責任」をしっかりと受け止めることのできる人間のことです。責任のない役割というのは楽です。でも、楽しくありません。そこには自分の意思、自由がないからです。必然的に他者からの評価を気にする生き方になってしまいます。逆に、自分の意思で行動することは楽ではありません。失敗したらという不安が必ずつきまといます。努力しなければなりません。しかし、勇気をもって自ら考え、行動することは、その結果が必ずしも自分の思い描いたものとは違ったとしても、楽しいことなのではないでしょうか。そのような意味で「自由」を生き方の問題であると述べたわけです。

数年前、卒業を迎える中三の国語の最後の授業で、大澤真幸さんの「もうひとつの〈自由〉

―思考のヒント―」の一部を読みました。ミヒャエル・エンデの作品に『自由の牢獄』という童話があります。鍵のかかっていない無数の扉のある部屋に入れられた男は、ついにどの扉を開けることもできなくなってしまうという寓話が語られます。自由と言われる現代社会において「決められない」ということが何かキーワードになっているような気もします。「ニート」「ひきこもり」「自分探し」といった言葉を持ち出すまでもなく、自分や現実とかけ離れたところに責任や理想を求め、そのせいで逆に身動きがとれなくなっている空気が充満しているように思うのです。

中学校最後の期末試験、時間が余った生徒のためのボーナス問題として次のような設問をつくってみました。

[問] あなたが考える「自由の困難さ」とは何ですか。いくつかの具体例をあげながらわかりやすく説明しなさい。また、それに対する現時点でのあなたの意見があれば述べてください。

十五歳の彼らにとって、この問いは切実な問題として響いたに違いありません。まさに、悩みの真っ最中なのだと思います。大きすぎる自由の前に束縛を求めてしまう声は意外にも多かったのです。それはそれで分かる気はします。たしかに大人社会に反発し、自由を求めていたかつての状況とはまったく違います。そんなに単純なものではありません。

自由とは自ら判断し、選択できる状態をいうのだと思います。ただ、知恵や経験がなければ多すぎる選択肢は人を途方にくれさせ、命令さえ望む状態にさせてしまう。結果的にそのほうが短時間で形としてはうまくいくことはあるわけです。でも、それでいいのかということです。

自由は大切です。自由の前で臆病になってほしくはないと思います。自分の力で選択し、判断する力を身につけることができれば、それだけ自由の範囲が広がる。自由をつかむには努力が必要なのです。

ここでは、彼らの書いた文章を抜粋の形でいくつか紹介したいと思います。テスト時間内の限られた十分程度の時間の中で書かれたものです。過去を振り返っての文章でもありません。揺れている言葉だと思います。でも、だからこそ正直な思いが表出されているようにも思います。

◆私は今まで「自由には責任がつきまとう」の意味がわからなかった。ミヒャエル・エンデのあの話でようやくつかめた。それは、「自由になりたかったら、自分で選びな」という話だ。私は自ら選んでこの学校で勉強している。それなのに、好きで来ているんじゃないという態度をとったこともある。「好きで来ているんじゃない」。つまり、自分では選んでいないということで、私には自由がないことになってしまう。私は自由でいたい。だから自分のことはすべて自分が選んだことでなければならない。でも、どうだろうか。私は自分の体の一割も自分で選んではいない。なにもかも自分で選ぶのは難しいとは思う。誰かに責任をなすりつけたら、その時点で自分から自由をつぶしたことになる。自由と責任の関係はそういうものだと思う。だから、自由を獲得するのは難しい。（もえこ）

◆むかし、あるコマーシャルで見た。サラリーマンが手帳をいつも行く店に買いに行く。その店には手帳は黒と茶の二種類しかなく、サラリーマンはいっつも黒を買っていた。それが嫌でサラリーマンは、別の店へ行った。すると、ものすごい種類の色の手帳があり、サラリーマンは嬉しく思ったが、同時にどの色を買おうか悩んだ。そして考えこんだ挙句、いつもと同じ黒の手帳を買っていった。これはある学者がたてた法則で、「現状維持の法則」というそうだ。人はいつもと違うことがあると「いつも」と同じに戻そうとする、ということらしい。このコマーシャルの別のバージョンもあり、それは夫婦だったが、二人ならどうにかなるわけでもなく、その夫婦も結局は「いつも」と同じ物を選んだ。
よく「マンネリ化からの脱出」とか聞くけど、そう思うなら下手に考えてはいけないと思う。よく言えばカン、悪く言えば当てずっぽう。そのくらいしないと「いつも」から抜けだせない。なかなかそれが出来ないから「非日常」を楽しく感じる。時間が早くすぎる気がするのは、多分その所為だ。「日常」はつまらない。だから「非日常」が楽しい。（はづき）

◆私は小学校の美術の時間、「学校の風景画を描く」という授業を受けた。しかし私は、何故「自由に絵を描く」でなしに、学校の風景を描かねばいかんのだ、と先生に反発したことがある。結局私はふてくされたまま、紙は白いままにその授業は終わった。そして次の授業はなんと、「自由に何でも描け」というものになった。私は「描いてやるぞ」という気持ちで紙に向かうが、一向に描けない。そしてそのまま、期間が過ぎてしまったのだ。自由というのは恐ろしいもので、いざ自由にどうぞ、と言われたら何もできなくなってしまうのである。やはり与えられたものをこなすほうが楽だ。だが、自由には「楽しさ」がある。そこをとるか、楽をとるか。私が選ぶのはそれでも「楽しさ」をとることに専念しているつもりだ。(はやて)

◆自由＝反抗と思っている人が多くはないかなと私は思う。でも、反抗は束縛につながるんじゃないかな。だって自分にあきらかに反抗してくる人がいたら、それを止めようとする。だから反抗は、一番自由から離れているんじゃないかと。止められちゃったら自由にできないもの。だから、その人たちの話を聞いて、それでそーだなって思ったものを自分の中に入れられればいいなって思う。その人がとても良いこと言ってるとき、反抗してて、聞きそびれたらとても損だもの。私の考える自由がもっと広げられたかもしれないのに。

だから私は、最小限にしか反抗しません。素直に聞いてみます。（きょうこ）

◆自由というのはすごく難しいと思う。何もかも自由になってしまったら、人々の考え方は一人一人違うから、世界は混乱するし、逆に争いも起こりやすくなると思う。基準をつくれば、その範囲での自由をよしとするならいいかもしれない。ただ、その基準の決め方も人それぞれ違うだろうから、わからなくなる。生きている人には、みんなそれぞれの考え方があるから、平等にしてしまうのもなんだか変。人間には気もちというものもあるから、何でも基準の考え方のみで決めてしまうのも何だかなぁ…と思う。こうやって考えていると、本当の「自由」って何だろう？と、最初にもどってしまった。（さちの）

◆自由と平等なら、私は平等を取ります。だけど、平等だけの世界になってしまったら面白くもなんともないので、自由も欲しいです。この二つは対極の存在にあるけど、要はバランスだと思います。自由というのは楽なもので、何をしてもいい。何をしなくてもいい。だから格差が生まれるのは当然。自由な環境はとても良いと思います。でも、その場にいる人間の受け取り方によって意味が変わってしまうのが問題だと思います。（まゆこ）

◆「民衆は全て愚かで、それを統べる者が必要」。日本やドイツでできたファシズムは、要約するとそういう意図ではないかと思う。たしかに、民衆の手で選び出されたはずの政治家に、あまりよいと思えない人がいるとそう思うのもしかたのないことである。しかし、一部の頭のいい人たち（と仮にする）が統べてゆく、というのも危ないものである。社会のため、と力を尽くしてもどこかでおかしくなってしまうのが人なのだと思う。だが、民衆全体でうまく力を合わせて、というのが単なる夢想であるような気もする。はたしていつの日か、人は本当の意味で団結できるのだろうか。（ともつぐ）

◆人は生まれつき何かにしばられている。それは学校や、社会や、家族、友人など様々だが、生まれつきであるため、何かにしばられるのに人は慣れている。そのため、己をしばるもの（命令するもの）が消えると、人は今、何をすべきなのかわからず、路頭に迷う。多分、今学校で授業がなくなり、何をしてもよいと言われたら、はじめは嬉しくても、だんだん不安になると思う。自由とは、規制された中に見出すことに意味があるのだと思う。（えり）

十五歳は日々、こんな哲学的なことを考えているのだと思います。良い聞き手がいればさらに思考は深まっていくだろうと思います。とても面白い年代です。

8 自立とは何か？

中学生という時期はわけもなく大人や社会に対してイライラする時期でもあります。自立したい。でも、自分一人で行動する自信はない。もう三十年近く前のことになるでしょうか。職員室にいると、ある先生が教室から戻ってきて「授業にA君が出ていないんだ。探してくれないか？」と言われました。その生徒はいつも不機嫌そうな表情をしていて、気になる生徒として職員室でもしばしば話題になっていました。私は、一人でいられそうな場所に見当をつけ、探し始めました。

思ったとおり、彼は校舎裏の非常階段に一人座っていました。彼は一瞬身構えたような表情をしました。私は、ただ叱って教室に戻しても意味はないだろう。それよりも仲間とつるんで授業をさぼるのではない彼に興味を持ちました。思わず彼の背中を見る形で階段の四、五段上に腰を下ろしていました。沈黙がありました。少し落ち着いたのか彼は振り返り、私を見上げながら思いもよらないことをつぶやきはじめました。「ほりしぇんさあ…、地図があれば行ったことのない場所にだって行けるじゃん…。でも…、人生の地図ってないのかなあ…。自分が生きたいように生きられる、人に指図されてではなく、自分でそれを見つけるための地図……」。たどたどしくはあっても、何かを一生懸命考え、心の奥底から絞り出すような言葉でした。私の心に深く突き刺さりました。自分自身で自分の人生を考えるとき必要となる「人生の地図」、中学校の教員にとって、国語の教員にとってそれはいったい何なのか、教員を続ける限り常に考えなければならない私の大切な課題となりました。

彼は問題行動を繰り返しながらも、ずるいことをするような生徒ではありませんでした。国語の授業もしっかり聞いているようには思えませんでした。いつも眠そうにしていました。にもかかわらず、魅力的な生徒でした。その時、私がどんな言葉を彼に返したのか全く覚えてはいません。ただ、たまたまその時読んでいた村上龍の単行本を渡したことだけは覚えています。彼はしばらくの間その本をいつも離さず手にしていたのです。

中学校を卒業した後、彼とは音信不通となりました。ところがそれから数年後、突然仲間と一緒に中学校の職員室を訪ねてくれました。彼は仲間の後ろのほうに隠れるように立っていました。すると別の卒業生が話を振ってくれました。「ほりしぇん！　村上春樹の新作読みました？　Aのやつ、村上春樹の作品のことなら何を聞いても分かるよ！」するとA君は「おれ、村上龍より春樹のほうが自分にすごく合っているって気づいた」、中学校時代とは全く違う、はにかんだような穏やかな表情でつぶやきました。近況を聞きながら、弱弱しいながらも、素の自分と向き合い、確実に自分の足で一歩を歩み始めた彼を見ることができました。

心理学者の河合隼雄さんは、思春期を「さなぎ」の時期と呼びました。堅い殻に閉じこもってしまって、周りからは何を考えているのかよく分かりません。本人でさえ自分のことが分からない。でも、内的には実に大きな意味のある変化が起こっているのです。

私たち教員は、性急な表面上の変化を求めがちです。しかし、殻を自分で破る前に、おとながその殻を代わりに破ってあげようなどというおせっかいをしてしまうと、子どもの成長は阻害されてしまいます。かといって、放任してしまえば愛情は伝わりません。さなぎから蝶が生まれるのを信じながら、いかに辛抱強く見守れるか、教員にとっても親御さんにとっても精神力が試されます。


先日のことです。中三卒業研究の中間報告会に保護者ボランティアの皆さんがやって来てくれました。ある生徒が「学校の役割とは何か」というテーマで簡単なプレゼンをしました。「現代はネット上でさまざまな授業が受けられる。学校では気の合わない人とも一緒にいなければいけない。時にいじめや同調圧力の問題も起こる。個別指導で学び、自分の個性を伸ばそうという人たちも出てきている。にもかかわらず、私は今の学校の形にこだわりたい。学校には教科の勉強だけではない、大切な学びがあるのではないか。それを自分の言葉でまとめていきたい。」具体例を挙げながら、そんな趣旨の発表でした。

少しの間があった後、あるボランティアの方がとつとつと話し始めました。「『脱皮しない蛇は亡びる』という言葉があります。哲学者ニーチェの言葉だったかと思います。皆さん、蛇の抜け殻は見たことあると思うのですが、実際の蛇の脱皮は命がけで、ごつごつした木の幹や岩石などに自分の体を巻き付け、身をくねらせながらやっとの思いで殻から体を引き抜くのだそうです。何もない水槽に入れられた蛇は脱皮できず、脱皮できない蛇は亡んでしまうというのです」。

その瞬間、教室はシーンとなりました。生徒一人一人の表情からは何かを深く考えている様子が見て取れます。学校の中において「ごつごつした木の幹や岩石」とは、何を指しているのでしょうか。人間において「脱皮」とは、いったい何を意味するのでしょう。「やわらかなもの、つるつるなもの」を求め、「ごつごつしたもの」を危険なものとして遠ざける現代日本社会の問題もあるかもしれません。

自立には勇気が必要です。時に痛みを伴います。失敗を恐れていては、自分の足で歩き始めることができません。「失敗させないように、傷つかないように」が優先される社会とは、ごつごつしたものを取り除いた水槽の中のようなものとも言えます。小さな傷や痛みを経験することこそが、致命的な傷を負わない最良の方法だと思うのです。だからこそ学校は意味のある失敗を尊重する場でなくてはなりません。

人は一人では生きていけません。一人ですべてできることが「自立」ではありません。もしそれを「自立」というなら、そんな人間は存在しないでしょう。人間にはだれにも得意不得意があります。分からないことは、「教えてください！」と言えること。教えてもらったら感謝の気持ちを伝えられること。その代わり、自分のできることはだれかのために教えてあげられる。このような関係の中で生きていくことが「自立」なのだと思います。そのような意味で「自立」は、多様な集団の中でこそ確立されます。「教えて！」「ありがとう！」、こんな簡単な言葉が実は、自立するためのキーワードになっていきます。

しかし、思春期の時期というのはなかなかこの言葉が出てきません。恥ずかしい。馬鹿にされるのではないか。人の眼が気になります。自信のなさは、時に人を傷つける言葉になって現れたりします。コンプレックスは、時にぞんざいな物言いになって現れます。自分の思いは相手に届きません。それどころか全く違った形で相手に届いてしまいます。「どうせ自分なんて」が口癖になったりします。孤立を感じます。「自意識」のなせる業です。

そんな時こそ、視点を変えて周りを見てみましょう。いかに狭い世界しか見ていないかに気づきます。自分と同じことで悩んでいる人がどれだけ多いことか。「ありがとう」という場面がどれだけたくさんあることか。そういうことに気づいた時、世界が全く違ったものとして見えてくるようになります。こういう時期には考えてから行動するよりも、まずは行動してみること、行動してから考えることも必要です。そのことで他者に出会うことができるからです。

他者に出会うことは、自分に出会うこと、つまり自立することへとつながります。私は「さなぎの時期」の生徒にはできるだけたくさんの刺激をシャワーのように浴びせてあげたいと思っています。それはすぐに結果の出る類のものではありません。全員が同じように感じる必要もありません。そのうちの一つでも蝶として出てくるための力になってくれればと思います。そのようなことを思いながら、中学校における教科外の活動を構想しました。具体的には、第Ⅲ部でご紹介します。

9 表現するということ

人間は、表現する生き物です。表現することで人とつながっていきます。しかし、それは話がうまいとか行動力があるということのみを言うわけではありません。さりげない表情やちょっとしたしぐさの中に、その人らしさが表れるということはだれもが認めることでしょう。むしろ、表面的なパフォーマンスは、本来の自分とは違った情報を人に与えてしまいます。自分をよく思われたいという気持ちが、逆にマイナスに働いてしまうわけです。「ウソのない自分」をどのような形で人に伝えることができるか、ここでも自分と向き合う力が問われます。と同時に多様な表現の仕方があることを学ぶことも学校教育の大切な役割の一つでしょう。

文章で表現するという方法もあります。自分の声で、あるいは楽器を演奏することで表現することもできるでしょう。身体表現も重要な方法です。絵を描くこと、折り紙を折ること……。このように挙げていけば、まだまだ出てくるはずです。

でも、自分には得意なものが何もないという人もいるでしょう。いや、ほとんどの人がそうなのだと思います。だから悩みます。しかし相手に伝えたい、でもうまく伝えられないと悩むことこそが相手を思いやる想像力へとつながるのだと思います。表現するとき、そこには伝えたい相手がいるはずなのです。伝えたい自分の気持ちにウソはないか？　伝えたとき、相手は何を感じるだろうか？　この困難さに向き合うことこそが大切なのではないでしょうか。けっしてテクニックではありません。そしていくつもある表現方法の中から、自分を最も素直に表現できる方法を見つけることができたら、こんな素敵なことはないだろうと思うのです。

数年前、中二の特別授業に、あるカメラマンさんが講演にやってきてくれました。二〇一一年東日本大震災後の「復興の狼煙ポスタープロジェクト」で注目を浴び、その後もテレビ・雑誌・新聞広告など幅広く活躍されている方でした。

「なぜひとはひとの写真を撮るんだろう？」朴訥とした語りの中で、そんな質問が生徒に向けられました。何十枚というひとの写真がスクリーンに映し出されます。生徒たちはポカンとしています。今度は写真でないひとを表現した作品が再びシャワーのように次から次へとスクリーンに映し出されました。「その人の一番大事にしている部分を撮りたい。自分の撮った写真がその人にとって大切なものになるように撮りたい。」彼は震災後の東北を歩き、一人一人了解を取った上で撮影を続けました。そして撮ったものを直接その人に手渡すことを実践してきたそうです。写真を撮り、手渡すことで力になりたい。「でも、それは自己満足だろうか？」

彼は今回の講演のために、再び東北を訪ね、撮影に協力してくれた方々を訪問し「あのとき写真を撮られて、どのように感じましたか？ 写真が届けられたときどんな気持ちでしたか？」そんな質問を繰り返したそうです。その時の写真を大切に仮設住宅の壁にはっているおばあさんがいました。「昔の写真はみんななくなっちゃったから。」「あのとき、自分が身につけているものが私のすべてでした。家においてあったものは何一つなくなった。リップクリームがなかったのがつらかったな。ゼロからすべてが始まったの。」

「喜んでくれている人はたしかにいた。でも全員ではなかった。一人だけ、あの頃のことを思い出す写真はもう見たくないのと、つぶやいたおばあちゃんがいました。これが今日みんなに一番伝えたかったことです。写真は人を元気にさせることができる。でも、時にそれは凶器にもなる。人の心を踏みにじる残酷な道具にもなる。」——自分のしていることはただの自己満足なのではないか？　相手を傷つけてはいないだろうか？　そう謙虚に自問する彼の姿から表現者とは何かというようなことを感じさせてもらいました。

現在、中学生でもふつうにスマホを持ち、簡単にSNSで人とつながれる時代になりました。簡単に写真を撮り、アップすることができます。LINEやX（旧ツイッター）で自分のつぶやきを発信することで、簡単に自分を表現することができるわけです。ただその時発信者は、だれを思って発信しているのでしょうか。それが拡散されたとき、どのような事態になるのかどこまで想像できているのでしょうか。

表現することのすばらしさを言うとき、その危険性を伝えることの大切さを今だからこそ思います。彼は講演会の後、「実は、今本気で学校の先生になろうと思って勉強しているんです！」と話し始めました。たしかに学校の先生は、常に目で見ることができ直接話しかけることのできる生徒を相手にしています。でも、我が身を振り返るとき、教員生活の中でよかれと思って生徒にかけた言葉や無自覚さがどれだけの生徒を傷つけてしまっていたであろうかと考えることがあります。怖ろしいことです。私に直接には返ってこない生徒の姿です。

表現というのは特別なものではなく、生きることそのものなのだとも思います。人を傷つけることなしに生きていくことはできません。しかし、そのことに無自覚になった時に大きな過ちを犯してしまうのではないか、自分のことはさておいてそんなことを時々思います。自分にウソをつかない。相手を思う想像力、これが基本なのだと思います。

別の機会に、ある著名なフォトジャーナリストの方とお話しする機会がありました。震災の後少しでも喜んでもらいたいと、その人の一番素敵な笑顔の写真を撮り、でも一人だけ喜んでもらえなかったおばあちゃんの話をしてくれたカメラマンさんの話をしました。彼女はこう答えました。「今はそうかもしれない。でも、五年後、十年後、それは変わっているかもしれない」。彼女はにっこりと微笑みました。

即座にそうきっぱりと言い切ることのできる裏には、彼女もまたこの問題について深く考え続けている表現者なのだと僭越にも感じました。誠実さと強さ、どのような職業においても自分と向き合い、そして自らの仕事と向き合っているか、それが生きることへの前向きさにつながっていくのだと思います。

10　孤独の大切さ

「孤独」と聞いて皆さんはどのようなイメージを持つでしょうか？　寂しい、つらい、理解してもらえない……。マイナスに捉えてしまう人がほとんどのような気がします。しかし私は、あえてここで「孤独」の大切さを述べたいと思うのです。

旅を例に考えてみましょう。気の置けない友だちとのグループ旅行は楽しいものです。一緒に旅行の行程を考えたり、美味しいものを食べたり、素敵な思い出ができることでしょう。その反面、お互いに気を遣ったり、我慢することも出てきます。グループで行動するなら当然のことです。でも、そんなことより仲間と楽しく過ごせればいいわけです。何よりグループ旅行には安心感があります。

一方、一人旅は気ままです。ただ、すべて自分で決定しなければなりません。緊張感があります。人との関係における緊張感ではなく、自分がどう行動するかという決断とその結果について自分が責任を負わなければならないという緊張感です。当然のことながら周りの状況を、周りの人たちをしっかり観察するようになります。実は、その魅力を理解するようになることこそ「おとな」になることだと言いたいくらいなのです。中学一年生のクラスで、一人で行動することの楽しさについて語ると、必ず二、三人の生徒がにこにこしながらうなずいています。

どちらの旅の仕方がいいかということを言いたいわけではありません。一人旅はけっして寂しい旅ではないということを言いたいのです。頭の中では、さまざまなことを考えていることでしょう。自己の中で対話しているわけです。どこにいても一人でいるということは、外に対して開かれているということです。人との出会いが格段に多くなります。だからこそ、一人旅の魅力を知った人は、日常生活に疲れた時、無性に一人で旅に出たくなるということを聞きます。私自身がまさにそうです。

「孤独」と「孤立」は、全く意味が違います。「孤立」とは、集団の中でただ一人、関係が切れてしまっている状況です。本人の心は閉ざされ、自分ではどうしたらよいか分からないほどの寂しさを感じていることでしょう。そんな生徒がいたら、手を差し伸べなければなりません。「孤独」は違います。そこには自由な遊び心があります。一人でいながら、他者に向けて広く受け入れることのできる心の余裕があります。しかし、「孤独」に耐えるには強さが必要です。自分と向き合う力です。「孤独」を恐れないでほしいと思うのです。

かつて、トイレの個室でお弁当を食べる大学生が増えていることがマスコミで取り上げられたことがありました。大学のトイレがそれほどきれいになったのかという別の驚きもありましたが、そこにあったのは一人で食べている姿を人に見られるのが怖いという大学生たちの姿でした。一人で食べるのが怖いのではなく、人から「あいつは友だちのいないやつだ」と思われるのが怖いというわけです。このことを押し広げて考えてみるなら、「あいつは友だちのいないやつだ」と思われないように、トイレで食べないまでも無理をして、つまり集団の中に入るために自分を押し殺してグループで食事をしている学生は相当数いるのではないかと思われます。

一人でいることが恥ずかしいと感じる必要はありません。恥ずべきことは、人からどう見られるかということにとらわれ、無理をしていること。自分らしく生きていないこと。おどおどしたり、虚勢を張ったりしていることは、すぐに人から見透かされてしまいます。リスペクトされません。人に嫌われたくない、良く見せたいという気持ちが結局は逆になってしまいます。

今でも忘れられない卒業生がいます。彼は中学校を卒業した後、十年近くたってから突然職員室の私の元にやってきました。「先生！　パイロットになったよ！」。それまでにも二回ほど、酔った勢いといった感じで電話がかかってきたことがありました。長い電話のわりに、後から何の用でかけてきたのかよく分からないといった風の電話でした。何かを抱えているような、少し胸騒ぎのする電話でした。

そんな彼の第一声が、「先生！　パイロットになったよ！」だったのです。久しぶりの再会とともに、就職が決まったことを喜びました。彼は中学校時代、目立つタイプの生徒ではありませんでした。人間関係の上でも器用なタイプではありませんでした。でも、正義感が強く、一言でいえばずるさのない生徒、だからこそこの時代の中でうまくやっていけるだろうかという一抹の不安とともに、彼の幸せを陰ながら願っていました。

いつからパイロットになろうと決めたんだい、という私の質問に彼は興味深いことを語り始めました。「中三の初めの頃、僕は学校に行くのがつらかった。信頼していた友だちの裏の面を見てしまった。人を信じられなくなった。」私が当時全く気づいていなかった事実でした。「僕は帰りのホームルームが終わると、すぐに一人で校門を出るようになっていた。その日も一人井の頭公園を吉祥寺の駅に向かって歩いていた。そして、七井橋の真ん中に来た時、なぜか立ち止まって、池をボーッと眺めていたんです。どれくらいの時間、眺めていたのか、突然人の声が聞こえてきました。振り返るとそこにはホームレスのような恰好をした人が立っていて、僕に語りかけているんです。『兄ちゃん！　兄ちゃんは将来、何になりたいんだい？』急に質問され、僕はとっさに『パイロット！』と答えていました。その頃、僕は将来について考える気力もなく、口から出た言葉に自分でもびっくりしていた。反射的に、小さい頃漠然と思っていた夢が口から出てしまったんです。」

すると、そのホームレスは「すげーな、兄ちゃん！　パイロットか！　すげーな！　その夢、叶えてくれよ！　すげーな！」その言葉を残したまま、ゆっくりその場を立ち去って行ったのだそうです。彼はその瞬間、自分でも不思議なくらいの何かの力に引っ張られるようにその足で、気がついた時にはパルコの地下にある大型書店に立っていました。そして、どういう学校に行って、どんな勉強をすればパイロットになれるのかが書いてある一冊の本を買ったのだと言います。

彼は航空大学校を目指し、勉強を始めました。だれにも言わずに、自分の中で心に誓ったわけです。めでたく航空大学校に進学してから、実はそこからが本当につらい日々が続いたのだそうです。厳しい訓練が続くに従い、同級生が一人二人と脱落していく。次は自分かと思いながら、メンタルがずたずたになるような飛行訓練が繰り返されるのだそうです。それはそうでしょう。直接多くの命を預かる仕事です。もしエンジンの故障があったら……、もし突然航行不能状態に陥ったら……、そんなもしものことを想定しながらの訓練、厳しい教官の言葉。時々彼は狭いロッカーに閉じこもり、自分でも頭がおかしくなってしまったのではないかという恐怖感と闘いながら、ついに大学校を卒業、パイロットとして職に就くことができました。「ほりしぇん！　でも、人を乗せる飛行機じゃないんだ。貨物なんだ。第一希望じゃないんだけど、でもパイロットなんだ。」

彼には胸を張って生きていってほしい、十分その資格があるんだということを伝えました。それにしても、あのホームレスは何者だったのでしょうか？　たぶんその時の彼が一人孤独だったこと、にもかかわらずきれいな眼をしていたこと、だからこそ出会えたのでしょう。一人になることは大切なものに出会うための条件なのかもしれません。

孤立しているとき、世界はとても狭くなっています。でも、現実の世界は思っているよりずっと多様で豊かです。狭い教室空間の中でさえ、本当は一人一人みんな違った感性を持っているのです。それなのに、一人になるのが怖くて一生懸命人に合わせようとするのでしょう。中学生の初め頃、自分を素直に出すことが難しいと感じる生徒は意外にも多いように感じます。一人でも気にせず行動できる人、孤独を楽しめる人、そんな人が一番自由で、実は周りの生徒から一目置かれる存在になれると思うのです。そして結局はそれが自分にとって大切な友人に出会える早道なのではないでしょうか。

11 プロセスの大切さ

かつて、評論家の森本哲郎さんが「思索について」の対談で、「結果ばかりを見ていては、人生の意味はなくなってしまう。大切なのは、そこまで到達する過程なのだ」といった趣旨の話をしておられました。そこで彼は、イソップ物語の中にあるこんな話を紹介したのです。

ある農夫が死ぬときに、三人の息子を枕元に呼び寄せて、「わしは一生貧しかったが、実はお前たちの将来を思って金をためていた。葡萄畑のどこかに、金貨を埋めてある。わしが死んだら、その金貨を掘り出して、三人で分けて何かの足しにするが良い」と言って、息を引きとった。三人の息子は、いいことを聞いたというわけで、夢中になって畑を掘り返した。しかし、いくら掘り返しても、ついに金貨は見付からなかった。ところが、よく掘り返したおかげで、葡萄がなんと例年の三倍も実ったのだ。

金貨を埋めたというのは嘘だったのでしょう。しかし、宝物を探すために懸命に行動したことで、思ってもいなかった別の宝物を手に入れることができたわけです。宝というものが問題なのではない。宝を探すために行動するその過程こそが人生なのであって、宝は結果的に与えられるものなのだと森本さんは言うわけです。
この寓話を学校教育に引き寄せて考えるとき、そこから多くのメッセージを読み取ることができるように思います。これまで社会は学校に、形として見える教育の成果を求めてきました。それは数字で表れる学力であったり、進学実績であったりするわけです。そのこと自体をことさらに問題だと言うつもりはありません。しかし、そこに到達するまでの過程（プロセス）の意味をどれだけ大切なものとして捉えてきたのだろうと思います。高度経済成長期はもちろん、現代においてもなお日本社会は、いかにプロセスを短縮できるかを考え、苦労をせず、合理的に、最短距離で結果を得るかに価値を置いているように思います。コインを自動販売機に入れ、自分の思った通りの商品が出てくることを絶対とする空気、少しでも想定しているものと違う結果になった時は、苛立ちを隠せない風潮は、近年ますます強くなってきているようにも感じます。「余裕」「しなやかさ」「柔軟性」といったものの美徳はどこに消えてしまっているのでしょうか。

学校における各教科の授業には、当然のことながらその発達段階に応じて理解していかなければならない内容があります。しかし、その結果の部分のみを数字で評価するとき、大切な人生の宝物を見つけるチャンスを逸してしまうのではないでしょうか。授業の本質は、誤解を恐れずに言えば、そこにいたるプロセスのあり方にあります。それは一見、回り道に見えるかもしれません。しかし、疑問を持ち、悩み、迷い、発見するといった、結果至上主義の立場から見れば無駄にしか見えない、そのプロセスの中にこそ大切なものがあるように思うのです。

これからのコンピューター社会、自律的な人間として生きていくためには何が大事なのかということを考えます。細切れの知識をたくさん持っていること、テストのためにパターンで覚える学習にどれだけの意味を見つけることができるでしょう。もちろん、すべての学びには意味があります。しかし、それらが人工知能（ＡＩ）に取って代わった時、何が残るのでしょうか。

そのような意味で、今回の学習指導要領改訂の方針の中に盛り込まれた、「主体的・対話的で深い学び」の実現を目指す授業改善の視点は、大変意味のあることだと思います。しかし、今の教育界を眺めるとき、性急にそれを実現しようとするあまり「アクティブラーニング」という形式が先にあり、それが目的化してしまっているように感じるのは思い過ごしでしょうか。タブレットを使えば、それだけで主体的な授業ができるわけではありません。

知識を獲得する過程での「疑問・仮説・対話・気づき」を大切にするということは、けっして見た目の美しさにつながるわけではありません。それは時代の流れの中にあって華やかに取り上げられることもなく、ましてブームになるようなことではありません。それは、一人一人の子どもたちの成長としっかり向き合おうとする営みであり、一朝一夕でできるようなことではないのです。

そして、最近耳にするようになった「協働性」という言葉。学校現場において用いられる「協働性」という言葉は、とてもやっかいなものです。それが目的化された時、同調圧力が生まれます。空気を読み合うことが求められます。その結果形の上での美しさが実現されます。そんなひねくれた捉え方をしてみることも、一方で意味のあることだと思うのです。

私たちは、一人一人の個性を大切にしたい。ただ、一つ一つの個性は、集団の中で生かされた時、初めて意味を持ち、それが自己肯定感へとつながります。だからこそ、互いの個性を認め合い、生かし合える「共同性(協働性と区別して)」を目指したいと思うのです。そのためには、何が必要なのでしょうか。少なくとも形としての美しい結果を求めることではありません。とても困難なことです。それを分かった上で、大きな理想に向かって悪戦苦闘すること、汗水たらして、葡萄畑を耕すことこそが教育だと思うのです。

12　迷惑をかけることの大切さ

先日、中学二年生が取り組んでいる一週間の「職場体験」の報告会が行われました。下級生や保護者を前に、パワーポイントを用いながら自分たちが体験し、感じたことを発表するのです。お忙しい中、職場の担当の方も見えてくださっています。

報告会が終わった後、一人の職場の方が私のところに来てこうおっしゃいました。「昔から毎年報告会を見せてもらってきたけど、ここ数年本当に発表が上手くなりましたね。今年もとても良かったです。それに、それを聞いている七年生（中一）の態度がとてもいいですね。」この言葉自体嬉しかったのですが、その次の言葉にハッとさせられました。「ただ、少し物足りないところがあるんです。先生方、生徒たちに職場に迷惑かけないようにって指導していませんか？　私たち職場の人間は迷惑かけられるのがいやなら、中学生を引き受けたりしませんよ。もっと迷惑をかけてくれていいんですよ。」

ここでいう「迷惑をかける」というのは、頑張っても思うようにできないことに対してです。わからないことがたくさんある、当たり前です。中学生が一人、大人の世界に、プロとして仕事をしている職場に入っていくわけです。足手まといになるのは当然です。そんなとき、どうするか。その職場の方は、どうせ迷惑をかけるなら、「教えてくださいって言っていいんだよ。助けを求めていいんだよ」ということこそ生徒たちに伝えてもらいたいことだとアドバイスをしてくださいました。教えてもらうというのは恥ずかしいことではありません。一人で何とかしようとするのではなく、素直に助けを求めると、そうすることでたくさんのやさしさに出会えます。（逆に誰かに助けを求められたとき、その時は自分がだれかの力になってあげてください。）人が困っているのを笑っているような人こそ寂しい人間、かわいそうな人間だと思います。完全な人間なんて一人もいません。その職場担当の方はこんなふうにも言っていました。「現場の人間は、中学生に質問されたり教えたりする中でいろんな発見をしたりして元気になっていくんです」。

この「迷惑をかけてもいいんです」という言葉、実は今から三十五年前にも聞いたことがあり、今でもその時の情景が浮かぶ言葉だったのです。今から三十五年前、私が明星学園の教員になる一年前のことです。私はある私立の高等学校で非常勤の国語科の講師をしていました。一学期も半ばを過ぎた頃、高校一年生の男子生徒が職員室にやってきました。明星の職員室とは全然違います。職員室にいる生徒というのはほとんど、先生に呼ばれたか、叱られる生徒でした。そんなピリピリとした雰囲気の職員室、そんな中へ高一の男子生徒が担任の先生のところにやって来てこう言ったのです。「先生、相談してもいいですか。友だちができないんです」。まだ二十代前半だった私は、少しびっくりしました。高校生がそういう相談をするのかという意外性、と同時にまだ未熟ながらも教員になっていた自分としては、もしこういう相談をされたら、どう答えるだろうと考えながらその先生の言葉を待っていました。その先生はたぶん二十代後半のまだ若い兄貴的存在の先生でした。その先生がこう言ったのです。「お前は、もっと周りのやつらに迷惑をかけていいんだよ」。その時私は、ただ「えっ」と思い、真意を測りかねていました。人に迷惑をかけないようにすれば友だちができるというのなら分かりやすい。でも、逆です。その時の私にはまだ正しくそれを理解できていなかった。でも何か深いものがあるなと感じた。今になればすごくよく分かるのですが。

もちろん、職場の人に迷惑をかけてもいいというのは、遅刻したり約束をすっぽかしたりということではありません。それは人間としておとなだろうと子どもだろうと、守らないといけない大前提です。でも多くの生徒はそういう最低限のことはできるようになっています。その上で何が大切かということです。世の中、分からないこと、できないことはたくさんあります。当たり前です。そういうとき、人に頼っていいんだよということです。分かったふりをする必要は全くない。そのかわり自分にも得意なことはある。そのときこそだれかの助けになってあげてください。

13 大人になるためのステップ ―教室の中のトラブルと芥川『藪の中』

「みんなが自分のことを馬鹿にしている。みんなからひどいことを言われた。」こんな訴えは特に中学校に入学したての生徒を担当するとき、しばしば経験することです。当然被害を訴えている生徒から具体的に話を聞きます。「相手はだれ？」「何人？」「なんて言われた？」――「○○とか△△△って言われた。」「みんなから。」「たくさん。」「こわかった。」「みんなにやにやしていた。」「はっきりおぼえていない。」「そう言われた気がした。たぶん……。」――そう言いながら興奮はおさまりません。

加害者と言われた生徒一人一人から話を聞きます。「何て言った？」「だれが言った？」「どうしてそんなこと言った？」――「言ったのは自分だけ。あとの三人は一緒にいただけで、何も言っていない。」「教室には他にもたくさんいた。ただふざけていただけ。」「いつも一緒に遊んでいる。相手は笑っていたから、そこまで嫌がっているとは思ってもいなかった。」「あいつだってそういう言葉を言うことがある。たしかに○○という言葉は使ったが、△△△とは言っていない。」――自分が悪口と指摘される言葉を使ったことは認めつつも、そこまで言われるほどの悪意を持っていたわけではないということを一生懸命言おうとします。むしろ事実と違うことまで先生に言っている相手の生徒に対し、ある種の恨みの感情が生まれつつあることは想像に難くありません。

「でも○○という悪口を言ったんだな。」――「言った。」――『○○○』という人を傷つける言葉を使ったことに対し、被害者の前で叱責し、加害者に謝罪の言葉を言わせます。とりあえず、被害者の生徒に安心感を与えようとします。ただ、それだけのことです。教育の場では問題は何ら解決されていません。被害者の生徒に本当の意味での安心など与えられてはいません。当事者同士の関係は何も改善されません。むしろ悪化させる可能性のほうが大きいでしょう。その結果、生徒は先生に相談することすらなくなっていきます。

中三の教材として扱おうと、芥川龍之介の『藪の中』を教材研究しているとき、なぜかそんな場面が浮かんできました。先の例で言えば、両者の言っていることに食い違いが起きているわけです。にもかかわらず、両者が了解した一致点のみ取り出すことで加害・被害を確定しました。裁く側に立てば、とりあえず一件落着です。全貌が明らかになっていないという批判に対しては、そもそも何が全貌なのかということは証明できません。裁く側の切り取り方しだいなのです。少なくとも権力を持っている側は、自分の切り取った断面において整合性をつけようとします。あいまいさを残すことには耐えられません。いや、形式的な論理性に必要なパズルのピース（部分的な証言や客観的と思いこんだ先入観）をそろえることで、一つの因果関係をもった分かりやすい物語を作り出し、一方その物語にはめこむことのできないピースは無意識のうちに捨象されます。

先の例に戻るなら、叱責と謝罪といった形式的なことだけでは終わるはずもありません。加害者側の被害者側に対する恨みの感情。さらに教員に対する不信感の芽生え。――自分のことを分かってくれない。教師の権力で無難におさめているだけだ。生徒の本当の様子など気がつかない。あるいは気づこうともしない。そのくせ分かった気になっている教師。

では、すべてを明らかにすればいいのでしょうか。しかし、この場合訴えている生徒の言い分と、訴えられている生徒の言い分を一つ一つ検証し、どちらが正しいか明らかにしていっても何の解決にも至りません。訴えてきた生徒を追い込んでしまうばかりです。記憶はあいまいです。当事者だからといってすべて見ているわけではありません。今述べた意味での事実であるなら、そこには大きな意味はありません。

何人もで彼を囲んだら、彼はどう思うだろう？　〝こわい〟と感じているとき、人間は正確にものが見えなくなってしまう。彼はウソをついているのではない。そう感じるほどこわかったのだ。笑顔にしても、それは精いっぱいのものではなかったか。表面と内面は必ずしも一致しない。A君の気持ちを想像できるようになってほしい。――そんな言葉を加害者と言われた生徒にはかけてあげたいと思うのです。また、被害者の生徒に対しては嫌な時にはその場で嫌だと言えるようになってほしいし、パニックにならず、冷静に状況判断できるようになってほしいと願います。もちろんそれには時間がかかります。同時にA君が教室の中でどのような関係性の中に居場所を持っているかということに思いをはせなければならないのは言うまでもありません。

ここまで「加害者」「被害者」という言葉を使ってきました。もちろんそれはある一場面を切り取った時の関係性です。第一段階の指導においては、これはおろそかにしてはいけません。そのことなしに対話は始まりません。先生に訴えるということは大切なことなのです。問題なのは、この第一段階の表面的な指導のみで一件落着してしまおうとすることです。訴えた生徒は「先生にチクった！」と教室の中で責められる可能性だってあります。それを見ている生徒は、自分が困ったとき、先生のところへ行って相談するという選択をするでしょうか。

人間は他者から理解されることで成長する生き物です。誤った行為については自分の罪を認めることができても、自分を否定されることには耐えられません。自分にだって言い分はあるでしょう。学校は教育の場です。どちらの側の生徒に対しても、先入観を持たずに話を聞いてあげることからしか何も始まりません。生徒に寄り添い、聞いてあげる先生がいるとき、生徒は多くのことを語り始めます。自分を防衛することしか考えていなかった生徒の心がしだいに柔らかくなっていくのを感じます。もちろん、自分勝手なものの見かたや責任を他者に向けようとする言動は目立ちます。こちらも我慢のしどころです。強がっていた生徒が、実は大きな悩みを抱えていたことを知る場にもなります。傷ついている生徒ほど、無自覚のうちに他者を傷つけている事実を知ります。自分がいっぱいいっぱいの時、他者に優しくできる余裕はありません。「嫌なことには嫌と言えるようになってほしい。自分で言えないときには先生を頼ってくれていい。でも、先生は君のかわりに言ってあげたりしないよ。話をする場を設定してあげる。自分の言葉できちんと相手に伝える。先生はそれを見ていてあげる。そのかわり、自分がだれかを結果的に傷つけてしまったときは、勇気をもって謝らなければいけない。」自分のことを理解してもらえて初めて他者の心を想うことができるようになるのだと思います。

心からでてくる「ごめんね！」は魔法の言葉です。形だけの「ごめんね」とは全くの別物です。相手の心さえ柔らかくします。「自分のほうだって……ごめん！」「ごめんね」という言葉は敗者の言葉ではありません。強い心がないと言えない言葉です。中学生にとっては、簡単には言えない言葉でもあります。

学校の中で起こる小さなトラブル（当人にとっては極めて重大なことですが）は、生徒間や生徒と教師の関係を深めるきっかけともなります。そこでは「加害者」も「被害者」もありません。人間はだれもが不完全な存在です。相手の悪いことを挙げればきりがありません。「あのとき自分はどう行動すればよかったか？」トラブルが起きるとき、どちらにもある程度の非があるのです。相手が悪いというだけでなく、自分がどうすればよかったかということに目が向いた時、その生徒は大きく成長します。世界が全く違ったものに見えてくるでしょう。「自分を理解してくれている人なんていない。どうせ自分なんか…」と思っていたのに、この世界それほど捨てたものではないと気づくこともできるでしょう。そうなれば、素直に「ありがとう」という言葉もでてきます。このような経験は大人になるための大切なステップです。
「ありがとう」と「ごめんね」、この二つの言葉は人間関係をうまく作る上で本当に大切な言葉であるとあらためて思います。

中三での芥川『藪の中』の授業は、大変スリリングな授業となりました。活発な読みが生徒から生まれてきました。ただ、最後に何が正しいのか見えなくなった時、ある混乱が生徒に生まれたこともたしかです。でも、この揺れこそがこの作品が語ろうとしていたことでもあると思うのです。

人が何かを見るという行為、人がだれかに語るという行為には、必ずフィルターが介在します。その時の心の状態、相手や対象物と自分との関係。見たくないものには目をつぶるでしょうし、語りたくないことは語らないでしょう。自分の思いたいように整合性をつけてしまうことも人間のなせる業です。無意識のうちに自分を正当化し、自分の行為を美化しようともします。本当の意味での客観性などはありません。しかし、それをウソとは言えません。大切なのは、一つ一つの社会的な事実の裏にある、心の真実なのではないでしょうか。先の教室での例で言うならA君の〝こわいんだ〟という心の叫びに尽きます。ここをくみ取らずにいかなる指導もないでしょう。

ましてや、『藪の中』における登場人物、多襄丸・真砂・武弘は極限状況にいます。三人の語りが事実関係において食い違っていたとしても不思議ではありません。ただ、多襄丸については権力者である検非違使の前での語りであり、おのずと他の二人の語りとは異なる側面を持ちます。もちろん、武弘を刺したのは一人の特定の人物でしょう。しかし、三人のうちだれが嘘をつき、だれが事実を語っているかということに眼目はありません。三人はそれぞれ何を見、何を伝えたかったのか。そして彼らがそのように対象を認識し、語らずにはおれない心のありようとはいかなるものか。罪から逃れたいという心情なら理解しやすいのですが、三人が三人とも自分が刺したのだと言います。自分が刺したということにしなければ伝えられない心の真実とは何なのでしょうか。

生徒はもちろん、我々をとりまく世界の現実が『藪の中』の世界と時代や背景を超えてリンクしているのを感じます。事実と真理、世界の切り取り方、自己と他者、語るということ。あらためて、学校教育における文学教育の大切さを思います。

14　二つの眼鏡を持つことの大切さ

数年前、詩人のアーサー・ビナードさんが本校の公開研究会の全体会の講演者として来てくださいました。いちょうのホールには座りきれずに、壁際にずらっと人が並ぶほどの大盛況となりました。「言葉はレンズである。英語のレンズで見ていたとき見えなかったものが、漢字を学び、日本語を話すようになった時に見えてきた。新しい発見があった。……」ご自身の体験をユーモアたっぷりに話し始めてくれました。「言葉を教えるというのは本当に大切。技術を教えることも大切。でも、そのことによって見えなくなるものがある。世界を狭めてしまうことがある。本当に大事なことは言葉のむこうにあるものに、思いをはせること。……」広島や長崎の問題がアメリカの教科書ではどう教えられているかという話がありました。自由で正義の国アメリカが、原子爆弾によって戦争を終わらせ、両国の戦死者をそれ以上増やさなかったという構図。それがあたりまえのこととして信じられていたこと。

アーサーさんは日本語を学び、日本語のレンズでそれをながめ、原爆の落とされる数か月前の東京大空襲のことを知ったとき、さまざまな疑問がわいてきたと言います。それを一つ一つ調べていくうちに、気づいたそこに隠れていた欺瞞。「なぜ東京の中枢ではなく、一般庶民の住んでいる下町に、それもわざわざ逃げ場のないように焼夷弾を落としたのか?」「なぜわざわざ戦争を長引かせるようなことをしたのか?」地図を見ることの大切さ、その場所に足を運ぶことの大切さを語ります。広島の人はだれ一人『キノコ雲』などとは言わないそうです。「私が日本に来た当時、出会った広島の被爆者はみんな『ピカ』というんです。『ピカドン』という人もいました。東京の人はそんな言葉を使ってはいなかった。それは原爆にどこであったかの違いなんです。」爆心地付近にいた人。そこから数キロ離れたところにいる人。そんな地獄の中にいる人が『キノコ雲』など見ることができないこと。きれいな『キノコ雲』を見ることができるのは、地上で何が起きているか想像することすらできない「エノラ・ゲイ」の乗組員であり、彼らの眼から見た言葉であること。「どの言葉を使うかによって、無意識のうちに立ち位置が決まってしまうんです。」「ベトナム戦争の時、それまで使われていた『焼夷弾』という言葉が日本の新聞から消え去り、『ナパーム弾』という言葉に取って代わったのはなぜか？」

言葉の大切さと、怖さ。それを自覚した上での言葉の教育。時に違うレンズでものを見ることの重要性。いったん自らのレンズを外してみることとの勇気。これは国語教育のみならず、英語、社会科、すべての教科に共通する重要な問題意識です。その日の社会科の分科会でも、話題になったようです。「鎖国と開国」。当たり前のように使われている歴史用語。この言葉の使い方に疑問を投げかけた中三生がいたようです。それを社会科の教師はどうさばくのか？　研究会もまた同じです。だれもが自分のレンズを持っています。研究するということは自分のレンズを確固としたものにすることでもあります。それをいったんはずしたとき、何が見えてくるのだろう？　別のレンズに掛け替えたとき、どんな疑問がわきあがってくるだろう？　それができてこそ自分の世界を広げてくれる意味のある研究会になるのではないかと思います。だれもが自分のレンズには無自覚です。だからこそ、教員全体でアーサー・ビナードさんのこの日の講演を聴けたことは大きな喜びでした。

そんなことを考えているとき、二〇一四年十二月二日、朝日新聞の夕刊文化面に次のような記事が載りました。タイトルには『桃太郎と教科書　知的な反抗精神養って　池澤夏樹』とあります。それ以前に、前衆議院議員の義家弘介さんが、筑摩書房の高校教科書「国語Ⅰ」に収録されている池澤さんのエッセイ『狩猟民の心』について、《これは子供たちに供するにふさわしくない》と発言したことへの、表向き遠慮がちな、でも実は痛烈な反論という形の文章でした。まずは、義家さんが指摘する池澤さんの文章を紹介します。

《日本人の(略)心性を最もよく表現している物語は何か。ぼくはそれは「桃太郎」だと思う。あれは一方的な征伐の話だ。鬼は最初から鬼と規定されているのであって、桃太郎一族に害をなしたわけではない。しかも桃太郎と一緒に行くのは友人でも同志でもなくて、黍団子というあやしげな給料で雇われた傭兵なのだ。更に言えば、彼らはすべて士官である桃太郎よりも劣る人間以下の兵卒として(略)、動物という限定的な身分を与えられている。彼らは鬼ヶ島を攻撃し、征服し、略奪して戻る。この話には侵略戦争の思想以外のものは何もない》

ここからは義家さんの意見です。

《わが国では思想及び良心の自由、表現の自由が保障されている。作者が作家としてどのような表現で思想を開陳しようとも、法に触れない限り自由である。しかし、おそらく伝統的な日本人なら誰もが唖然とするであろう一方的な思想と見解が、公教育で用いる教科書の検定を堂々と通過して、子供たちの元に届けられた、という事実に私は驚きを隠せない。／例えばこの単元を用いて、偏向した考えを持つ教師が「日本人の心性とは、どのようなものであると筆者は指摘しているか、漢字四字で書きなさい」などという問題を作成したら一体どうなるか。生徒たちは「侵略戦争」と答えるしかないだろう。》

皆さんはどのような立場をとられるでしょうか。日本がどういう国かという問題ではありません。大切なのは、視点を変えた時、一つの現実が全く異なる様相として現れるという驚きです。文学教育の最も大切なことは、この「視点」「語り」の問題にあると私は考えています。思想を教えることではありません。感動を経験させることが第一でもありません。文学は人の心を揺さぶります。感情移入を経験させることができ、感動をさせることも可能です。ある方向に生徒を導いてしまう危険性を併せ持っています。だからこそ、文学教育では、一方で批評する力を身につけさせることが求められます。まさに「考える自由」を授業場で教師も生徒も持っていなければなりません。

池澤さんは次のようにこの文章をしめくくっています。

《教育というのは生徒の頭に官製の思想を注入することではない。（略）一つのテーマに対していかに異論を立てるか、知的な反抗精神を養うのが教育の本義だ。ぼくの桃太郎論を読んだ生徒が反発してくれればくれるだけ、ぼくは嬉しい。》

この文章（教材）で、生徒に何を考えさせるか。問われるのは授業者の側です。「探究」的な文学の授業は、緻密な教材研究、授業研究なしには生まれません。数年前、評判になった広告があります。泣いている鬼の子の絵の上に「ボクのおとうさんは、桃太郎というやつに殺されました」という子どもの字で書かれたコピーがありました。痛烈な批評です。

15　常識を疑うことの大切さ

実は中学生というのは、きわめて道徳的な判断をする時期なのだと感じます。小学生はもっとかもしれません。純粋な彼らは、そうでない現実との間で大人不信に陥ったり、自分の殻に閉じこもってしまったりすることがあるように思います。私は道徳的な正論は子どものうちに身につけておかなければならないと思っています。と同時に、「果たして本当にそうなの？」という問いをたて、思考を深める訓練が大切だと思うのです。

よく「自分のクラスでは、特活の時間に生徒たち自身が話し合って必要なことは決めることができている」といった担任の先生の意見を聞くことがあります。たしかにそのクラスはその通りなのかもしれません。でも、すべてがそうとは思えません。むしろ私はそんな言い方をする先生に危惧を覚えます。一人一人が自分の意見を言いつつ、一つの方向に収束し、クラスの決め事ができていくというのは極めて高度なことなのだと思うからです。プロの政治家が集まる国会の様子を見ていても分かります。

特活の時間に、例えばクラスのもめ事を話し合おうとするとき、多くのクラスではまさに多数派の正論が幅を利かせてしまうのではないかと思うのです。そのときに少数意見が正当に取り上げられるだろうか。逆にそういう声が出ないような関係性ができあがったクラスが落ち着いたクラスであると表面的に評価されたりする。うがった見方にすぎるでしょうか。

週一回の国語の授業で、ある年私は一年間を通し、「名言を探せ！」と称し、私が探した名言を紹介したり、逆に生徒から紹介してもらったりということを行いました。次の三つの文の（　）の部分に入る言葉を探してみてください。

A『正義の反対は悪なんかじゃないんだ。正義の反対は（　）なんだよ。』　（出典不詳）

B『正論は正しい。だが、正論を（　）にする奴は正しくない。』

（有川 浩『図書館戦争』より）

次は、生徒が持ってきた名言です。

C『せいぎ せいぎ せいぎ せいぎ せいぎ せいぎ……と謳っていたら、その中にたくさんの「（　）」があったのです。』

（世界の終わり「正義」）

（　）には何が入るでしょうか。授業の中では原作を超える名文を完成してみようと声がけするのですが、いろんな意見が出てきます。そして中一のどのクラスでも、原作の言葉とほぼ同じ意味の言葉を見つける生徒が出てきます。A（また別の正義）、Bは（武器）、Cは（犠牲）。正論を知った上で、その先にあるものを思考しようとするとき、より深いところに行けるように思うのです。

世間の常識を知ることは大切です。しかし、「正義」という言葉や正論は、思考停止をまねくのです。それは正論として掬い取れない大切な真実に蓋をかぶせます。一見対立する両者の意見からより高い次元の議論へと発展させるきっかけを奪います。表面的な正論や常識は多数が支持するか否かで揺れ動きます。思考することの自由からどんどん離れていきます。

まずは疑問を持つことです。分からないことは分からないと言えること。おかしいと思ったら、なぜそう思うのか立ち止まって考えてみること。そういう人たちがこれからの時代を切り拓いていくのだと思います。

16 憧れること、憧れられること

「個性」の大切さを言うとき、他の人の真似になってしまうことを極端に恐れる風潮があって、心配になることがあります。「学ぶことは真似ることだ」とよく言われるように、憧れの存在を持つことは成長する上でとても大切なことです。

明星学園中学校では十月の初めに「秋の運動会」が行われます。実行委員長を中心とする実行委員メンバーが全体を運営し、選挙によって選出された各色団長・副団長・応援団長・副応援団長の四役がチームをまとめます。毎年、運動会が無事終わり、充実感いっぱいの表情の彼らに話を聞くと、小学校のときから中学生の姿を見ていて、「自分が九年生（中三）になったら絶対に応援団長になろうと思っていて、ずっとどんな応援合戦にするか考えていたんだ」「七年生（中一）の時、先輩に優しくしてもらったのが嬉しくて、自分は運動は苦手だけど実行委員として裏方の仕事をしようと思っていた」といった話を自分からしてくれます。

二月に行われる合唱コンクールは、学外の大きなホールで開催され、各クラス課題曲と自由曲を一曲ずつ披露します。私はいつも二階席から客席を含めた全体を見るようにしています。合唱の良し悪しは客席の様子ではっきりわかります。そこに漂う緊張感。一瞬の静寂と大きな拍手。ピアノ演奏者・指揮者にとっても大きな舞台です。九年生の指揮者が身体全体を使ってしなやかに指揮棒を振り始めると、下級生の席のあちこちで同じように腕を動かしている生徒が見えます。きっと来年のコンクールでは自分があの指揮台に立ちたいと思っている生徒たちなのでしょう。

ある年の三月、卒業式の二・三日前のことだったと思います。キャンパスの別棟で生活する小学生の女の子が二人、後で聞くと小学校の四年生だったのですが、中学校校舎の階段を上っていきました。だれかの妹さんなのかと思って見ていたのですが、後で分かりました。実は小学校では入学式の時、六年生のお兄さんお姉さんから紙で作ったメダルを首にかけてもらいます。新しい学校に一人入学してくる心細い新入生にとって、それはとてもうれしいことなのでしょう。四年生になったその女の子二人は、手作りのメダルをかけてくれた当時六年生のお姉さん、今は九年生で数日後に中学校を卒業してしまうお姉さんのために、今度は自分が一生懸命紙でメダルを作り、お姉さんに渡しに来たのでした。その子たちにとっては五つ上のお姉さんは、いつも心の支えだったのでしょう。

そして、思い出しました。ちょうど二年前の五月、中学校が中間テストの採点休みで校舎には職員室以外だれもいない日がありました。ところが不思議なことに小さい女の子が五〜六人、だれもいないはずの中学校校舎に忍び込んでいたのです。話を聞くと、去年六年生だったお姉ちゃんが、今どういうところで勉強しているのか知りたくて、探検に来たということでした。もしかすると今回の女の子は、その時の女の子だったかもしれません。

メダルをもらった九年生の女子生徒ですが、それを見ていた担任の先生によると号泣してしまったようです。その先生が「どうした？」と笑って聞くと、メダルと一緒にお手紙をもらったそうなのです。その中に書かれていた「卒業おめでとう」という文字、「あの小さかった子が、卒業という字を漢字で書けるようになっているんだよ！」、涙が止まらなかったようです。

学校には、このようなドラマがたくさん転がっているのです。

17 対話が生まれるとき ―重松清『きみの友だち』

先日、国語科の教職を目指すある大学生からこんな質問を受けました。「授業中に質問し、指名した生徒が見当違いな答えを言った時、先生ならどのような対応をしますか？」彼らは模擬授業を経験し、まずは教育実習という形で現場に入っていきます。準備した指導案には教師の発問と想定される生徒の答えが書き込まれます。思った通りの答えを生徒が言ってくれれば安心。ほめてあげられます。でも、間違ったり、想定外の答えが返ってきたらどうしよう、それが不安なわけです。生徒を傷つけてしまうのではないか。でも、きちんとそれを正さないと何を教えたのかが分からなくなってしまいます。でも、どう伝えればいいのだろう。悩みは深まるばかりです。

もちろん、発問の種類によって一概に言うことはできません。しかし、ここには授業を作ることにおけるとても大切なことが含まれているような気がします。実は、間違えを含めた多様な答えが出てきたときこそ、授業は活性化するのです。では、どうすれば多様な答えが返ってくるか。まずは授業中の間違えはけっして恥ずかしいことではないという教室空間ができているかということ。さらに、生徒が答えるたびに授業者は表情を変えないこと。生徒は知らず知らず先生の表情を読みとりながら発言してしまいます。大切なのは、出てきた発言をしっかり聞き、その対立点をしっかり見抜く力を持つことです。けっして顔色をうかがったり、空気を読むことではありません。また、間違えは間違えと、しっかり生徒は理解しなければいけません。それこそが学びです。自分とは違う他の生徒の考えを聞いた段階で、だれから言われるでもなく自らの間違えに気づく生徒がいます。なぜ、勘違いしてしまったのか。それを述べることは本人だけではなく、クラスの全員にとって大きな学びになります。もし、明らかな対立点が出てきたら、それを検証するための深い学びがそこから始まります。それこそが授業の核心です。

先述の学生の問いに戻るなら、「しめたと思いながらも表情にあらわさず、たんたんと黒板にその意見を書き、ほかの考えは?と他の生徒に問いかける」となるでしょうか。難しいことですが。

私は国語の教員です。中一の授業を担当するとき、四月の最初の授業ではなぜ国語の勉強をするのかという話をするようにしています。一つの正解、説明の仕方があるわけではありません。さまざまな切り口の話し方があることでしょう。数年前の授業で私は、次の二つの文を使って、説明を試みました。

A（前の学校では）言葉はナイフだった。
B（今の学校では）言葉はバンソウコウだ。

「どのような意味だろう?」と問うわけです。重松清の『千羽鶴』（『きみの友だち』新潮文庫所収）の中にある文です。どのクラスでもすぐに手が挙がります。Aは、「言葉は人の心を傷つけるもの」「暴言を言われたのかなあ」「いじめられたんじゃないのかな」。Bは、「言葉は心の傷を治してくれる」「やさしい言葉は癒しだよね」。こちらが想定した通りの答えです。「ナイフとバンソウコウは比喩表現だよ」「AとBは、対比の関係になっている」。こんな発言が出てくればもう満点です、……と思っていました。

その上で語ろうと思っていたのです。言葉がなければ人間の悩みはどれだけ少なくなることか、と同時にどれだけの喜びも消えてしまうことか。人間として生まれた以上、言葉なしに生きていくことはできない。ナイフは使い方ひとつで危険にも便利なものにもなる。ある意味、ナイフの発明は人間の進化にとって大きな意味を持っていただろう。同じように言葉の使い方を学ぶことは人生を豊かにすることにつながっていく。

ところが、あるクラスでそんな話をしようと思ったとき、一人の男子生徒の小さなつぶやきが聞こえてきたのです。「バンソウコウで傷が治るわけじゃないよ!」。予期せぬ発言でした。

こちらをまっすぐ見ず、少し投げやりな言い方が気になりました。「なにあいつ、また屁理屈言ってる！」といった周りの空気も感じました。

しかし、ハッとしました。「バンソウコウでは傷は……治らない……？」口に出し、しばらくその意味を考えていました。沈黙が生まれました。教師が悩むと、生徒の目は一気に輝き始めます。生徒たちも一緒に考え出したのです。するとこんな発言が飛び出してきました。「たしかにバンソウコウで傷が治るわけじゃないよね」「傷を守っているだけ？」「傷を見えないように隠しているんじゃないの？」私があれやこれや思いを巡らしていた一分ほどの間にでてきた生徒の発言です。すると、さっきまで斜に構えていた男子生徒が姿勢を正したのです。彼もまた他の生徒の意見に耳を傾け始めました。「傷を治すのは、バンソウコウなんかじゃなくて、その人自身の身体でしょ！」「自然治癒力ってやつ？」「その人が自分で治そうとしなければ治らないんだよ」。

この対話は、まさに重松の『千羽鶴』のテーマにつながります。その作品を読んでいるわけでもないのに、中一のそれも四月の最初の授業でそれが行われたということは驚きでした。と同時に、作品の一部を自分の都合のいいように引用して、いかにももっともらしいことを言おうとしていた自分を恥じることになりました。ありきたりの準備されたきれいごとの授業にどこか違和感を持っていた生徒。しかし、その違和感を言葉でうまく説明することはできない。

でも、人一倍豊かな感性を持っている。今まで自分の本当の部分を分かってくれなかった大人や先生に対するちょっとした不信。分かってほしいくせに他の生徒のように素直に言えないイライラ。こんな生徒像が浮かんできました。中学校に入学して間もないころ、どのクラスにも一人か二人、こんな生徒がいます。扱いは難しいですが魅力的な生徒です。こういう生徒がクラスから浮かずに、他の生徒とつながっていくことができたとき、そのクラスは集団としても成長していきます。

数年前のこの一時間の授業を、その教室の空気を、いまだに記憶しているということはそれだけ心打たれた経験だったということではありません。しかし、裏を返せばそうたびたび感じることはできなかったということでもあります。たぶん、気がつかないまませっかくのチャンスを何度も何度も失っていたのかもしれません。だからこそ、そういう授業場を作ることの必要性を意識したいのです。

【第Ⅱ部】授業のなかの中学生

これまで、中学生という時期を生きる上で大切だと思うことについて述べてきました。具体的なエピソードとしていくつかの教科外の取り組みについても紹介しました。しかし、学校において中心を占めているのは教科の授業です。この授業においてこそ、ここまで述べてきたことを実現していこうという意思がなければ、まさに木を竹に接ぐことになってしまいます。ただ、このことこそが教員にとって最も厳しいことなのです。

各教科には、学年ごとに達成すべき目標があり、学習内容があります。その中にはペーパーテストで測れるものもあれば、そうでないものもあります。もちろん定期テストの成績は大切です。しかし、その先に、彼らの卒業後の長い人生においてこれらの学びがどのような意味を持つのかを考えることが学校における授業者の責任であるように思うのです。

まず初めに国語の教員としての私の実践を紹介させていただきます。

1【国語の授業】―『走れメロス』(太宰治)を再話する[中二]

① なぜ今、『走れメロス』か?

数年前のことです。二学期になってすぐの頃、八年生(中二)の授業の中で生徒に短歌を創作させる機会を持ちました。「学校生活」や「家族」、「自分」を見つめる歌が数多くできあがったのですが、そんな中でも「友・友情」を詠んだものが目立ちました。

◆「感謝したい 普段は言えぬこの気持ち みんなに言います いつもありがと」
◆「友だちと笑い合ってるこの時間 止まってほしいと思う毎日」
◆「友だちとたくさん泣いて笑いあう ずっと大好き タカラモノだよ」

一方、こんな歌もありました。

◆「うらのかお見てはいけないうらのかお 今もしかして見ちゃったのかな?」
◆「あるおんな ホントはすごくきらいなの だけどもなぜかしゃべってしまう」

前者の歌を詠んだ生徒たちが友だち関係をうまく作れていて、一方後者の歌を詠んだ生徒たちはその問題で悩んでいる、そんな単純なものではありません。たしかに悩んでいるのでしょう。しかし私は、後者の歌のほうに魅力を感じます。そこには表面的ではない人間と人間の関係を築くきっかけが含まれているように思うからです。

たぶんどの生徒にとっても「友だち」というのは、一番の問題であり、大きな悩みなのでしょう。たまたま今、うまくいっている。これが永遠に続いてほしいと願う。それでいて、いつ壊れるともしれないという不安、過去の傷、それらが自分の中でうまく消化しきれずにたまっていく。何とかしたい。いやなものには目をつぶりたい。でも、ふと感じてしまう。必死に友情の大切さ、ありがたさを自分に言い聞かせてみる。自分にとってかけがえのないものだけれど、不安の種であり、元凶にもなるもの。傷つきたくない。小さな世界で安心していたい。同じ悩みを抱えながら、あらわれ方は正反対。それでいて、互いに語り合うことができない現実。ますます自分の中に未消化のままたまっていくのでしょう。

できあがった短歌には、生徒のそんな様子が素直にあらわれています。私にはそう感じられました。根底は同じです。ただ、それが表現されるときに極端な形であらわれているだけなのです。けっして相反する感情の発露ではない。どちらも友情を求めている。「友だちなんて信じられない」「私は一人でいい」、しばしば耳にするこんな言葉には、人一倍「人を信じたい」「何でも話せる信頼できる友だちが欲しい」という気持ちが隠れているはずなのです。

それが中学生時代なのだと思います。一人一人、真剣に悩み、格闘している。だけど、そこにとどまっていてよいとは私は思いません。心の内側では明と暗、そのどちらも抱えているにもかかわらず、それが外にあらわれる時、両極となってでてきてしまう。実際の教室では、ときに異なるタイプとしてグループとグループの間で、あるいは個と個の間できしみを生みます。何とかその両者を結びつけたい。いや、その前に正面から向き合わせたい。結びつけるのは「言葉」です。切り離すのもまた「言葉」です。では、どんな言葉が必要なのでしょうか。生徒と接しながら、あるいはどんな文学作品を授業で扱うかを考えるとき、頭をよぎることです。自分とは異質だと思っていた人間の中に、自分と相通じるものがあると感じること、それは自分の中にあるもう一人の自分を受け入れることに他なりません。まさに、中学二年生とは、子どもから大人へと変化する象徴的な時期なのだとあらためて感じます。

さて、太宰治の『走れメロス』ですが、とりもなおさず中学二年生の定番教材です。ただ私は長い間、この教材を扱ってはきませんでした。何度か教材研究はしてみたものの、直前になって躊躇していました。教科書教材としては長編です。扱うには勇気がいります。果たして生徒はこの作品をどう読むのでしょうか。小学生の高学年なら、一つのメルヘンとして楽しく、あるいは感動しながら読んでくれそうな気もします。中学二年生でもハッピーエンドの作品を望む生徒は多くいます。ただ、「こんな人、現実にはいないんじゃないのか?」「現実はそんな簡単じゃないよ！」という声があった時、どういう授業になるのでしょうか。「そうだね！」で終わらせるのでは、この作品を読む意味はありません。それでいて「信実と友情は何よりも大切だ」「人を信じることこそ勇気ある行動だ」こういう言葉が空回りしてしまうのではないかという危惧もありました。にもかかわらず、目の前の生徒を見ながらこの作品を通し、何も考えず、照れずに「人を信じたい！　友だちは大切だ！」と叫ばせてあげたい、そんな衝動があったのも事実です。つまり、私にとっていつも引っかかる作品であったわけです。

　しかし、国語科の校内研究会での同僚の発言が挑戦するきっかけを作ってくれました。「この作品、王様に語らせたら面白いんじゃないか？」王、ディオニスは「邪知暴虐《じゃちぼうぎゃく》」「奸佞邪《かんねいじゃ》知《ち》」といった言葉で語られる暴君です。一見、感情移入しづらい人物のように見えますが、その反面最も人間らしい人物でもあります。人を信じたいけれども、信じられない。自分の最も信頼すべき近い人間から処刑せざるを得ない孤独感。いったいこの二年の間に何が王の周りで起こったのでしょうか。友だちに裏切られ、傷つき、あるいは逆に結果としてだれかを裏切るような形になってしまった経験の一つや二つ、どの生徒にもあることでしょう。人をそして自分を信じられなくなったことのある生徒も少なくないはずです。視点を変えて作品を読み直すとき、王ディオニスは我々にとって最もリアリティーを持った人物として浮かび上がってくるのではないでしょうか。はたして、王の本心はどんなだったのでしょう。王としての威厳を保たねばならない裏で、何を感じていたのでしょう。この問いかけは、現実の中学二年生の心に何か波紋を広げさせてくれるような気がしました。

それまで中一の教材である『少年の日の思い出』（ヘルマン・ヘッセ）では、語り手を「ぼく」から「エーミール」へ変換させ、エーミールの一人称小説として作品の後半部分を書き直してみるという作業をしています。主観だけでものを視ることに慣れきってしまっている彼ら（たぶんそれが子どもの特性の一つであると思う）にとって、語り手である「ぼく」をつきはなし、別の人物の視点から物語を創り直すという活動は、実際理解しづらいことのようでもありました。ただ、いったんそれを了解した彼らはこちらの想定以上に筆がすすんでいきました。たぶんそこには、作品の構造上の枠が確固として現前しているという安心感の中で自由に自分の想像を描ける喜び、さらにはヘッセの文体をまねることの面白さがあったように思うのです。

その手法を『走れメロス』において、試してみようと思ったのです。王のもう一つの顔を知ることはメロスのもう一つの顔を知ることでもあります。いや、二つの顔があるのではない。それはコインの裏表であり、両方あって存在するものです。両方あってメロスであり、ディオニスであるはずです。作品を読み深めていくうちに、両極端な人物として登場したこの二人の相違点だけではなく、共通点が見えてくるのではないでしょうか。

この再話の作業は多くの熱中する生徒を生み出し、中には年度をまたぎ、書き続けている生徒も現れました。評定を気にしてのことでは全くない、純粋に面白かったのだと思います。私も一つの読みに執着せず、生徒とともに教室空間での共同の読みを楽しめました。

② 中学生は初発で『走れメロス』をいかに読んだか？

一時間目の授業、範読の後、残った時間に初読の感想を自由に書いてもらいました。授業後に生徒のノートを回収し、項目ごとに並べてみたものをご紹介します。

〈あるクラスの初発の感想〉

【メロスについて】

◆〝信じられているから走る〟というメロスがかっこよかったです。メロスは妹思いで、自分のことより人のことを考える人だなと思った。

◆はっきり言って、私はこの話を好きにはなれない。だってメロスは世間知らずだし、きれいごとばっかり言っているし、友だちのことを勝手に人質として決めたのもどうかと思う。私だったら、そんな人のことを勇者だ、なんて認めたくない。

先に紹介した友情をテーマにした短歌を思い出します。相対立した二つの感想として提出されました。もちろん完全に肯定、否定で言いきれる感想だけではありません。

◆メロスは人を信じている。友をあんなに信じているなんてメロスもセリヌンティウスもすごい友情、信頼で結ばれているんだなと思った。あと、メロスが三日しかなかったのはわかるけど、妹の花婿さんは困ったと思う。ぶどうの季節に結婚するつもりだったのに急に明日にするなんて無理がある。それと、メロスってすごく強い人なんだなって思う。山賊も倒して、ずっと走ってる。普通の人だったら山賊に殺されちゃいそうなのに。それでメロスが倒れたときにでてきた水はすごい。そのおかげでメロスはまた走れた。最後にメロスも幸せになれて良かった。

◆愛がなんだ？　信じることが大事？　メロスみたいな人はこの世にいるのか。もし自分がメロスだったら絶対逃げていた。メロスはすごいと思う。けど、人を疑うことはいけないことなのか。こんな世の中で全員を疑わずに信じることは私には出来ない。それが出来るというのならば苦労はない。命乞いしてなぜいけない。

◆人間の良い心の部分と悪い心の部分が表現されている。やっぱり、メロスのように正直者でまっすぐな人にも、疑ってしまったり、自分の考えが正しいとうぬぼれてしまったりするところがある。でも、何か一つでも信じられるものがあれば立ち直り、強くなれる。そんな人間の芯の強さを感じた。また、メロスのような正直者が悪い心を持った人間の中の良き心を呼び覚ますことができる！と思った。

【王様について】

◆暴君ディオニスが人を信じられないからと人を殺すのはありえないと思った。最後、改心したみたいだったけど、この人がこの後どうなったのか知りたい。

◆王様は、本当は自分が信じられる人がほしかったのだと思う。命より信頼とかのほうがよかったのかな。王様は寂しかったのだと思う。

◆人を信じることが出来ない王の気持ちは、一番人間らしい。本当の心なんて、そう簡単に知ることが出来ないのだから。人を信じるというのは、じつは勇気のいることなんだなと思った。

王ディオニスに対する印象が生徒によってさまざまであったのは一つの発見でした。と同時に、人物像を深めていこうという今後の授業に手ごたえを感じた瞬間でもありました。

【セリヌンティウスについて】

◆私はメロスみたいな人はあまりいないと思うし、好きじゃない。逆に好きな人は友人のセリヌンティウスだ。まぁちょっと名前が長いけど、メロスを信じて待ち続けるなんて勇気があると思う。

◆私はメロスよりも親友の方がすごい人だと思った。私だったらそんなことを頼まれたら断ると思うけど、その人はメロスが戻らないで自分が殺されるかもしれないという心配をしないで受け入れたことがすごいと思った。

【作品全体について】

◆イメージの色は赤。すごく情熱的だなーと思う。というより、情熱的すぎて怖いくらい。それにメロスがゲームの主人公に見えてくる。だれかに操られているみたいだし、一定のタイムまでに着かなければタイムオーバー、そこで死んでしまう。物語じゃなくて独り言みたい。本当に気持ちの悪い作品だなーと思った。

◆「走れメロス」の語り手が誰なのかわからなかった。「わたしは～」とか始まるところはメロスってわかるんだけれど、「メロスは～」というところと「走れ！　メロス」って自分に言い聞かせるセリフが、語り手なのかメロスなのかちょっとわかりにくかった。あと、メロスが最後すっぱだかなのに群衆の人たちが気づかないのはどういうことか、というかいつからすっぱだかにって感じだった。あと最後に「勇者はひどく赤面した」というのは少女にマントを渡されたのが恥ずかしかったからなのか、自分がすっぱだかだったのが恥ずかしかったからなのかわからなかった。それともどっちもか。

◆文章のテンポが変わるのが好き。ぱっと見、あまり段落を分けていないようで読みづらそうだが、私はスラスラと読めた。あの王みたいな人、ふつうにいそう。というか、みんないそう（メロスとかセリヌンティウス）。なんかこういう設定でそういう人たちをたとえている？みたいな気がする。それに、セリヌンティウスの最後の一言が意味深。あと、少女の渡したマントが緋ってとこも。勇者だから？　最後、メロスのことを勇者って言ってることに何か関係があるのだろうか。なぞがいっぱいである。

◆太宰作品で人間不信の人、割にいるような・・・。

◆メロスとセリヌンティウスの友情はとても深くて、すごく信頼しあっていていいな…と思った。でも、この物語は現実的じゃなくて、読んでいるうちに嘘っぽいな、本当にこんなことありえるのかなと思った。こんなに人と人って信頼しあえるのかな…って。友だちのために自分の命をささげることができるのかなって。こんなに良い人はいるのかなって。この本を読むと色々な疑問がでてくる。

◆きらいです。おもしろくない。メロスが好きになれない。私は王様の意見と同じ。どうせ正しいこと言ってもむだだと思う。最後のメロスは、みんなが美しいと言っても、私はバカみたいと言う。逃げればいいのに。セリヌンティウスも、どうして頼み事を断らなかったのだろうか……？　裏切られるかもしれないのに自分の命をさしだせません、私は。そんなにすごくもないし、正義なんて何も得られやしないのに。だから私は嫌いです。

◆マンガみたい。試練を乗り越えて、結局は仲間になる、とか。いつ書かれたものなのかはわからないけど、こういう内容は今ではたくさんありそう。「走れメロス」の影響なのだろうか。

◆人を信じることができない王様が、メロスが約束を守ったことで仲間に入れてほしいというのは、なんだか少しおかしいと思う。だって、今まで誰の言葉も信じず、自分の家族さえも信じられずに殺してしまった王様が、メロスが約束を守ったことだけで心が入れかわり、いい王様になるのは話として少し変だ。確かに、ただの牧人だからこそ絶対に戻って来ないで、友を見捨てると思っていたのに戻ってきたらビックリするけど、それだけで人の心ってそんな簡単に変わるのかな?って思った。

◆王が山賊におそわせたのは、もしメロスが帰ってきたときに、友情やきずなを認めたくないからおそわせたのかな。だけど、山賊を倒してまでボロボロになったメロスを見て、心に変化が生まれたのは当たり前なのかもと思った。

◆正直、こいつらは聖人君子か!と思った。多分、最も人間らしく、醜いであろう人間の悪の部分が感じられなかった。セリヌンティウスもメロスも互いに一度そんな悪意を感じたが、それ以外は聖人のそれに見えた。こんな人いたら凄いなあ。

◆私はこの物語を前に読んだことがある。その時は、あまり面白くない文章だなあと思った。

だけど、今回読んでみると前には思わなかったことが感じられた。描写がとてもうまい。その時の状況がとてもよく分かるし、少ししつこいような気もしたけど、メロスの強い意志がとてもよく伝わってきた。現実では、これありえる？と思うところもあったけど、描写の良いところをまねしたいと思った。

◆ツッコミ所がやたらとあるコメディ。たとえば、王は「遅れてこい」と言っていたのに王の命令でメロスを殺す山賊がいるのはおかしいだろう。

◆私はこんな人間になれるだろうか。友をこんなに信じることができるだろうか。メロスの悪い夢。これはメロスの心の奥に住みついていた不安だと思う。不安はその人も気づかないうちに心の中で芽生え、じわじわと広がる。そして一気にぱっと襲ってくるのだ。人間は不安を作り出し、それによって自滅する。でも、メロスはそれに負けなかった。私はメロスのようにはなれないと思った。あんなに走れないと思った。でも、もしその友が私の大切な友ならば、私は走ると思う。でもそれは、きっとすべてが友のためじゃない。自分のためだ。逃げれば私は一生苦しむ。一生苦しむくらいなら約束を果たし、死んだほうがいい。

一読後の初発の感想にもかかわらず、素朴でありながらも作品のテーマに迫るような読みが出ているのに驚かされます。メロスに対しては当然のことながら肯定派と否定派がいます。物語の世界について嘘っぽいと感じている生徒がいる一方、現実にありうる世界をたとえとして描いているのではないかと感じている生徒もいました。また、王が最後に改心することについても評価が分かれています。

では、なぜそう感じたのか？　国語の授業の中では、文中から根拠を挙げながら説明できることが求められます。一つの正解を教師が持っているわけではありません。そのプロセスこそが大切なのです。そこでは教師も生徒と同じ探究の同志でなければなりません。

③　人物像をとらえる

生徒の感想からは登場人物についての評価の違いが読み取れました。「メロス＝正義」、「王、ディオニス＝邪知暴虐」というだけでは作品を読んだことにはならないでしょう。強烈なイメージ語の陰に隠れている「言葉」をしっかりとらえ、表面的ではない深みのある人物像をイメージさせたいと思うのです。

〈メロスの人物像を考える（冒頭部分から）〉

テキストから根拠を抜き出しながら、メロスの人物像について対話していきます。単純ではありません。しだいに抜き出した描写が二種類あることに気づいていきます。一つは、メロスの境遇に関すること。「村の牧人」「父、母、女房はいない」「十六の、内気な妹と二人暮らし」「シラクスの町に竹馬の友がいる」、語る人の価値観によって変わることのない事実です。一方、「政治が分からない」「邪悪に対しては、人一倍に敏感」「のんき」といった表現は、メロスの性格、内面に関する描写であって、語る人の価値観によって言い方が変わりうるものです。メロスの言動と結びつけながら読み進めていくと、読み手によってとらえ方に幅が生まれてきます。

そんなやり取りをしながら以下のようなことが教室場で共有されていきました。

「邪悪に対しては、人一倍に敏感」とあるが、この「人一倍」とはだれとの関係において言っているのだろうか。他の民衆は権力に逆らうことなど思いもよらないだろう。怖くて何も行動できない。しかし、メロスはすぐに行動に移してしまう。世間知らずだから行動できる。正義感があるから行動する。世間知らずだから純粋。生徒が抜き出すテキストの言葉が多様な意味を与えられ、つながっていきます。

失敗すれば向こう見ず、無鉄砲と言われます。うまくいけば勇気があると評価されます。良いメロスと悪いメロスがいるわけではありません。メロスは変わりません。ただ、時に「勇気がある」と評価される場合もあれば、「向こう見ず、無鉄砲」と評価されることもあるのです。長所は、時に短所となって現れることがあります。逆に短所だと思っていたことの中にその人の長所が隠れていたりもするのです。性格を短い言葉で言い表すのはとても難しいことです。ましてや本文から言葉を抜き出すことだけで人物像を表現することはできません。

人間というのは多面的で、複雑です。にもかかわらず、引っ掛かりのある言葉によって主観的なイメージを作ってしまいます。それを自覚させる授業でした。それを意識させることで「表現」にも、目が行くようになります。もちろんクラスによってどのような意見が出るかは分かりません。

最後に次のような形で「まとめ」をノートに書いてもらうことで一時間の授業を閉めました。「〔**まとめ**〕この時間に学習したことを用い、メロスはどんな人物か、自分の言葉でまとめなさい。」

〈王ディオニスの人物像を考える（冒頭部分から）〉

王の人物像を表現するための根拠となる語句を抜き出すことを通して、今回もたくさんのつぶやきが教室から生まれました。そのプロセスこそが主体的な読みの姿勢を作ってくれます。

そして最後に、次のような指示で授業のまとめを行いました。

〈まとめ〉

王の心の声（人の目を気にしない本音の王の心を想像してみる）をセリフで書いてみよう。

◆「あのメロスという男・・・ずいぶんと簡単に言ってくれるわ。あの目、わしの周りにはいなかった・・・。皆、よどんだ目をしおって、怖いといったらこの上なかった。いや、やめよう。あのことは、忘れるんだ・・・。殺すのがいけないというのは分かっている。もうとっくに分かっていたのだが・・・。」

◆「正直どうしていいかわからない。孤独な人間なんだ。もちろんわしだって平和を望んでいる。でも、人を信じることができない。疑ってばかりの自分が情けないけれど、どうすればいいか分からない。誰か、教えてくれないだろうか。」

◆「わしだって、昔は人を信頼していた。親友とは違うが、賢臣のアレキスは誰よりも心を許せる相手だった。一国の王様という役目は大変だったが、わしなりに精一杯やっているつもりだった。しかし、わしの政治のやり方に反対していた人もいた。自分が王様になりたいと前から思っていた妹婿が、わしを暗殺する準備をしているところを、わしは偶然見てしまった。そこでわしは迷った末、妹婿を殺した。理由を知らない妹や后は不審に思い、だんだんわしから離れていった。あれほど信頼しあっていたアレキスまでも・・・。メロスは信頼しあっている友がいると言っているが、わしはそれを信じたくても信じることができない。もし戻ってきてくれたらいいが、そんなのは夢の話だ。人を信じていた頃が、遠い昔のように感じられる。わしはなぜこんなことをしているのか、自分でも分からない。もう一度、信頼しあえる仲間が欲しい・・・。」

◆「わしは二年前に一度、暗殺されかけた。その計画を立てたのは、わしの一番信用していた家臣だった。わしは、その家臣をだれよりも一番身近においていた。それなのに裏切られた。あれ以来、わしは身近にいる人というものが信じられなくなった。わしの地位を奪おうと機会をねらっているようにしか見えない。本当はわしだって幸せで、楽しい生活を家族とともに送りたい。でも、二年前のことを思いだすと、とたんにこわくなってしまう。だいたい愛を信じる心だけで結ばれている人などこの世にいるのか。いるなら証明してほしいものだ。」

◆「わしは寂しい。あのメロスに孤独の心について言うたが、わし自身、わしの孤独の心も分かっていないのかもしれぬ。最初に義弟を殺してから、周りからの目線が一変してしまった。わしはこの頃、オリの外のライオンのような目で見られる。孤独の心は増していくばかりだ。」

◆「わしは本当に孤独である。昔からずっと、誰かがわしのことをねたんでいると考えていた。誰かは分からないが、この人かもしれない、あの人かもしれないと考えているうちに、人を信じることができなくなってしまった。すると、周りにいる人すべてが怖くなってきた。わしは自分のことをねたんでいる人が怖い。ねたんでいる人がいないのが自分にとって「平和」だと考えている。誰もわしの心の中を知ることはできまい。わしは怖い。平和がほしい。安心したい。」

◆「わしは、怖くて仕方ない。あの妹婿だって、わしの地位ほしさに妹と結婚したのだ。そうに決まっている。だから殺したのだ。そしたらどうだ。皆、わしを軽蔑した目で見るのだ。だから殺したのだ。わしは、皆を思ってやったのに、村人だっていつ反乱してくるかわからない。ああ、わしはこわくてしかたがない。」

生徒がイメージする王、ディオニス像は単一ではありません。でも、まだ作品の冒頭部しか深く読んではいません。この後、山賊が登場します。果たして山賊はメロスが言うように、王ディオニスの命によって現れたのでしょうか。だとすると、ディオニスはなぜ命じたのか。あるいは、命じるはずがないと考えることもできるでしょう。いずれにしろ、今回の王ディオニスの心理描写と整合性がなければなりません。

さらに、作品の結末でなぜ王は改心することができたのか、いや、本当の意味で改心などできていないと考えることもできるかもしれません。だとすれば、そこには一貫した王の心理が描かれなければなりません。

④ 王様視点の一人称で再話する

以下のポイントについて、教室で共同の読みをしていった後、最終的なまとめの課題を生徒に提示しました。

・「一人称小説」と「三人称小説」（「語り手」とは？／「語り手」の位置／「視点」を意識する）
・「会話文」と「地の文」
・〈課題〉山賊の出現は王の命令によるものか？（意見交流）
・メロスの心理の変化

〈まとめの課題〉

太宰治の『走れメロス』を王様視点の一人称小説で書き直してみよう。（以下は、生徒への私からのメッセージです）

七年生（中一）の三学期に『少年の日の思い出』を学習した際、まとめの課題として〝ぼく（客）〟の物語を〝エーミール〟の視点から書き直してもらいました。同じできごとであっても、どの立場から語るかによって全く違う物語になってしまうことを経験したと思います。〝ぼく〟は〝エーミール〟の本当の気持ちは分かりません。想像するだけです。そしてその想像が全く見当違いのことだってあるのです。〝ぼく〟には、自分の言ったなにげない一言がエーミールの気持ちにどんな影響を与えたかなど、冷静に考える余裕はなかったでしょう。自分が精一杯の時、人の気持ちなど想像できるはずはありません。

今回は『走れメロス』です。主人公はメロスのようですが、この物語で一番変化した人物は、実は王のほうです。なぜ彼の心は変わったのだろう？　いったい彼はどんな悩みを抱え、何を求め、多くの罪のない人を殺していたのだろう？　〝人を信じられない〟というのは、王様だけの問題ではなく、現代の僕らが多かれ少なかれ抱えている現代的なテーマのような気もします。そうです。メロスの心理より王様の心理のほうが複雑で深いのです。読者であるキミたちに、その王ディオニスの人間像をつくりだし、彼の立場から物語を書き直してほしいのです。〝罪のない人を殺している〟事実は変えられません。ただ、どんな気持ちでそういうことをしているかは自由に考えてください。メロスとの会話も実際に彼の口から出たものです。しかし、言葉と心は必ずしも一致しません。表情やしぐさに本心があらわれることはありますが、王を一〇〇パーセント悪だと思いこんでいるメロスにそれが見抜けるとも思えません。だとすれば、メロスに見えていない王の姿（しぐさ、表情、心理、つぶやき等）を新たに書き加えてもいいわけです。

山賊を手配したのは、果たして王だったのでしょうか。結末で王は、本当に改心したのでしょうか。それが唐突ではなく、必然であるためには王様の心理が十分語られていなければなりません。メロスが戻ってくるまでの二日間のディオニスをどう描くか。セリヌンティウスとの会話はあったのか。あったなら、何を語っただろう。あるいは、独白の形で表現してもいいわけです。

大変な作業になりますが、小説を書くつもりで取り組んでみてください。

⑤ 授業を終わって

力作がいくつも集まり、私にとっては、非常に刺激的な授業となりました。と同時に、それまで長い間この定番教材の限界を深く分析もせず決めつけ、表面的にこの作品を語っていた自分を反省せずにはいられません。教材の価値は、学習する内容と同時に、作品と学習者の間でどんな火花が散るかで決まるのでしょう。

私の目を開かせてくれたのは、初読の後十分程度で書いてもらった短い感想です。今、それを読み直すとき、ほぼ大切な読みの種子がその中に含まれていることに気づきます。目の前の生徒たちの持っている感性を知らず知らず少し甘く見ていた自分が見えました。それは長年の教員生活の中でかたくなってしまっていた筋肉が少しほぐれたような感覚に似ています。

ともあれ、授業は生徒の読みの交流で基本的に進めることができました。授業の後の休み時間に、小声で「僕、ディオニスに似ているかもしれない」と言ってきた生徒がいました。授業の中でも、そんなつぶやきをしている生徒が何人もいました。メロスや王様について語りながら、自分と重ね合わせ、友情の難しさについて思いをはせている生徒が少なからずいたとするなら、大変嬉しいことです。

その後、この実践を大学の教職課程の学生と共有することがありました。メロスの人物像について対話しました。その際、ある学生が授業後に提出する小レポートのメモ欄に次のようなつぶやきを書いてくれました。

《短所と長所は紙一重であり、こういう性格とまとめることは難しかったです。しかし、どんなに王がかわいそうな人であり、どんなにメロスが寄り道をして、到着が遅くなったり、無断で友を人質にしたのだとしても、その王が「妹婿を、そして世継ぎ、妹、子ども、皇后、アレキスを殺し」「今日だけでも六人を殺した」という事実は変わりません。なぜ、そこを重要視しないんだろうと思います。彼が根っからの悪ではないと思います。しかし、事実は事実であり、私はメロスがその残虐な時代を終わらせた英雄だと捉えています。多くの人を殺し、子どもにまで手をかけていて、メロスがどんなに単純であろうと、彼が声をあげなければ、失われた命はたくさんあり、そこを肯定することなしにメロスは語れないと思いました。》

彼女の書いたメロス像は「賢くはないが、行動力のあるまっすぐな男性」でした。「賢くはない」はけっして否定的な言葉ではありません。言葉にできない思いをこの一語にこめたのでしょう。授業の先に、こんな意見が持てるというのも大切なことだと思います。対話はこれで終わりということはありません。そして、「物語」でしか表現できないことがあるということをあらためて実感させられた出来事でした。

2 【国語の授業】――『千羽鶴』（重松清）を生徒と共同で読む［中三］

『きみの友だち』（重松清）は、小中学生を登場人物とする十の短編連作から成り立っています。一つの世界を描きながら、語り手が寄り添う人物はその短編ごとに変わります。つまり、異なる視点によって一つの世界が語られていくのです。どの登場人物も、まさに現実のどこの教室にもいるような生徒です。おそらく中学生にとっては作品と現実世界を、登場人物と自分自身を重ねてしまうことになるでしょう。

このように生徒にとって身近すぎる作品というのは、教材として難しいことがあります。初読の段階で拒否反応を示す生徒が現れます。自分の現在置かれている位置によっては、沈黙してしまう生徒も出てくるでしょう。でも、裏を返せばそれだけインパクトが強いということでもあります。私は、十の短編の中でもとりわけ、言葉に強烈な力のある、できれば目をそむけたくなるような中学生の心理を描いた『千羽鶴』を九年生（中三）の教材として選びました。この作品で、共同の読みの空間を成立させるためには、表面的な読みの交流では許されません。何より、一つの言葉について、表現について着目させなければなりません。前年度、『走れメロス』を経験した学年です。

私は一つの節ごとに、「気になる言葉に波線をどんどん引いていきなさい」という指示を出しました。「線を引くか引かないか迷ったら、引いてしまっていいよ」と付け足しました。作業のハードルが下がったからでしょう。生徒はどんどん線を引いていきます。次に発表です。ある生徒が一つのフレーズを発表します。「同じところに線を引いた人はいますか？」多くの生徒が手を挙げました。発言者のほっとした表情が印象的でした。「なぜ、その部分に線を引いたの？」対話が始まります。

この単元の最後に、生徒に次のようなまとめの課題を提示しました。「たくさん引いてもらった波線の中から、これはと思う箇所を一つ選び、何を感じたかを書きなさい。」

生徒から提出されたものの中からいくつかを紹介します。

【『千羽鶴』あらすじ】

西村さんは中三の九月に今の中学校に転校してきた。前の学校では、ひどいいじめにあっていた。彼女はみんなとうまくやろうと新しいクラスで精一杯の気を遣う。クラスには入院中の由香ちゃんがいた。西村さんは彼女のために、みんなで千羽鶴を贈ろうと提案、クラスのほとんどの女子がそれに賛同するが、盛り上がったのは最初の二日間ほどだけだった。一人折り続ける西村さんはしだいにクラスの中で浮いてきてしまう。そんな中、初めから千羽鶴を折ることに参加していなかった唯一の女子生徒、恵美ちゃんの言葉が、西村さんの心を揺り動かし始める。

◆《「『みんな』が『みんな』でいるうちは、友だちじゃない、絶対に」》

私は、この一文を読んだ時に、「あっこれだ」と思った。誰もが必ず考える友だちとは何かという疑問。今まで、自分では表現できなかった、「友だち」についての考え方が、この一文とぴったり重なった。

「みんな」という言葉は、特定の人物をつくらず、全体の焦点をぼかしてしまう。便利だが、実際はとても扱いにくい言葉だと思う。私は、「友だち」とは、その人のことが好きになって、なるものだと思う。だから本来、友だちのことを「みんな」と、ひとくくりには表せないはずだ。「みんな」と表してしまうと、一人一人としてではなく、集団として表すことになる。恵美ちゃんは、そんな一人一人の顔のない「みんな」という友だちよりも、「いなくなっても一生忘れない友だちが、一人いればいい」と、そう思ったのだろう。私もその考え方に賛成だ。

集団でいることには、利点も弱点もあると思う。その他大勢の人にまぎれ、個人でいなくても良いという心強さと楽さ。また、集団でいることの窮屈さ。私は、一人になりたいと思った時には、一人でいられる、そんな強い自分をもった人になりたい。そして、友だちもそんな自分を分かってくれるような人々であって欲しいと思う。

◆《「わたしは『みんな』って嫌いだから。『みんな』が『みんな』でいるうちは、友だちじゃない、絶対に」》

この作品の中で使われる『みんな』とは、周りに合わせ、不必要に気を遣う、『友だち』とは言えない集まりのこと。それなら、『友だち』とは何か。単純に考えればその逆で、一人一人が自分を出すことができて、無駄な気も遣わない……そういうことになるし、あながち間違ってはいないと思う。

私は、周りに合わせることも不必要に気を遣うことも、できないしやりたくもない。小学生の頃はとにかく友だちは多ければ多いほど良い、むしろクラス全員仲が良ければいいのになどと常々思っていたが、中学に入るとグループというものができたり、他人を『ハブる』などといったこともいくつか目にするようになった。

みんなの仲が良くて、友だちがたくさんいるのが一番良いんだろうという考え方は変わっていないが、今はそれよりも、信じることのできる『友だち』というものが一人でもいれば幸せなことだと思えるし、中身のある友情なら多ければ多いほど良いと思っている。ただでさえ何かが他人とズレている私にも、そう思える人がたくさんいる。それは本当に幸せなことだと思う。

人間誰しも嫌われたくない気持ちはあると思うし、みんなと仲良くなりたい気持ちもわかるから、西村さんへの共感はできる。だからこそ恵美ちゃんの考えも徐々に理解できるようになった。行動や言動、生い立ちはまったく違っても、どこかしら西村さんと通じる自分が私にはあるのかもしれない。

◆《「いなくなっても一生忘れない友だちが、一人、いればいい」》

私は、いる。一生忘れない友だちが。自分でもすごく不思議だ。だって、中学三年生（世間でいう〝年頃〟）の人の中で『一生忘れない友だち』がいる人は本当に少ないと思う。でも、大事な大切な友だちがいたとき、何でも乗り越えることのできる魔法のチケットを手にしたことと同じではないだろうか。その人がいるから、がんばれる。恵美ちゃんもきっと由香ちゃんがいるから、足が悪くても、学校で嫌われていても、一人でもあんなに強く自分を保っていられるのだと思う。私も同じだ、と思った。大事な存在があるから、人にとやかく言われようと自分を変えない。その人は受けとめていてくれるから。

ところで、一緒に行動しているからといって友だちとは限らない。私はそれを中学校で学んだ。小学校にいたときとは違う、複雑な友だち関係。ある夜、メールが来た。もうずいぶんと前のことだが、はっきり覚えている。私のことを〝みんな〟嫌っていて、学校では話しかけないでという内容だった。行動を共にしていた人からだった。《『みんな』が『みんな』でいるうちは、友だちじゃない》……。恵美ちゃんの言ったこの一言に、私はそんなことを思い出していた。恵美ちゃんの言っている『みんな』のことと私に来たメールの『みんな』は同じだ。存在をにごし、なおかつ一致団結性を強調する、便利な言葉だ。そして、人を傷つける言葉。やっぱり、その時の心の支えになったのは『一生忘れない友だち』の存在だった。相手が私のことをそういう風に思っているかは正直、わからないけれどそれは関係ない。ただ、私にとって大事な存在。それだけのことだと思う。

話はだいぶ変わるが、授業中「西村さんマジウザイ。理解できない。」という言葉をよく耳にした。わからなくもないが、そういう人もいるのかと認めてほしい。理解はできなくても。西村さんを認めてくれないのは、私を認めてくれないように感じてしまう。他者を認めることができない、の『他者』の中に、私も含まれていないのだから。

誰もが「千羽鶴」を読んだ後に考えることは、友だちとは何なのか。また、親友とは何なのか、だと思う。結論を出すことはできないだろうけれど、私の中で何かを感じた。

◆《「いじめのいちばん怖いところはなんですか？　体験者として教えてください」／誰かに訊かれたら、こう答えるつもりだ。／「性格を変えられちゃうところです」》

「変わること」を恐れる西村さんに対し、私は〝どうして変わってはいけないのだろう〟と疑問を感じた。たしかに、西村さんはいじめという辛い経験をしたことによって、自らの意志に反して変わらざるを得なかった。この「反して」の部分があることで、西村さんは変わることを拒み、変わってしまった事実を認められずにいる。仕方のないことだと思う。けれど、そのせいでいじめにあっていた時の自分から抜け出せないでいるところをみると、どうしてもじれったいような気持ちになってしまう。

私も、小学生のときに何度も友だちとの関係でもめたが、今はもう引きずっていない。あの時はくやしくて、辛かった。でも、あの時、自分の中で何かが変わったから、今の自分があるのだと思う。何が変わったのかは、具体的には言えないが、確実にどこかが変わった。ふと思いかえした時に、あのとき何もおこらなかったら……と考えると、今の自分はいなくなってしまう気がする。辛かったけれど、そのおかげで成長を伴う変わり方ができたのだ。

恵美ちゃんだって、辛い経験をした中で、由香に出会った。自分が変わったことを受けとめ、周りの目を気にすることなく自分の気持ちに素直に生きていられるのは、由香の存在があるからだろう。由香のようにどんな変化をしても受けとめてくれる人がいたから、恵美ちゃんの変化は成長へとつながったのだと思う。西村さんには、この受けとめてくれる人が近くにいなかった。私の場合はお母さんだったが、西村さんのお母さんは、娘がいじめられたことを悲しむだけで、お母さん自身もいじめのことをひきずっている。これが、西村さんを苦しめているのかもしれない。改めて、自分を受けとめてくれる人の存在の大切さを感じた。

◆《「わたしは『みんな』って嫌いだから。『みんな』が『みんな』でいるうちは、友だちじゃない、絶対に」》

この文章が心に引っかかった。小学校では、この「みんな」を「友だち」と低学年の先生は呼んでいたが、その頃から少し引っかかっていた言葉である。「友だち」とはそもそもどの程度の関係でそう呼べるのか。たとえば誰々と誰々が「友だち」の関係だといわれても、それを聞いたものは二人の仲を正確にわかるわけではない。せいぜい二人がいくらか友好的かそれ以上である、ということしかわからない。

近くの公園のトイレに弟の小学校の頃の子どもたちのレリーフが何個も飾ってあるのだが、そのうちで一つ興味深いレリーフがあった。右下のほうに題名であろう「始業式でできた初めての友だち」と書いてあって、中央では少女が「友だちにならない?」ともちかけ、相手の子が「イイヨ!」と言っているのだが、そのレリーフを見たとき、なんというか変な気持ちになった。そもそもそんな風に持ちかけて認められたら「友だち」なんだろうか。

何の本だったかは忘れたが、「友だちは突然友だちになるのであって、突然友だちにならなければ、友だちではない」というようなことを読んだことがある。そのとおりだと思った。なんというか、友だちって形式ばってつくるものではないだろうな、とは思う。

最後に、西村さんは前の学校の「みんな」を憎んでいるが、「みんな」の中には自分の行動がイヤで本当はしたくなかった子もいたはずだし、手をさしのべる勇気はないけれど、西村さんを助けたいと思った子もいたであろう。後遺症は西村さんの「みんな」の見方のせいだったのかもしれない。……といっても、だれかそばで見守ってくれる人がいないのでは無理である。

◆《「いなくなっても一生忘れない友だちが、一人、いればいい」》

この文は、読んだままの意味だと思う。ただ、言いかえるなら、「表面だけの付き合いの友だちなら要らない」という意味にもなる。心に人間関係で嫌な思い出がある人には、この文章の言っていることはとてもよくわかるし、逆に人間関係で失敗したことがなくて上手に他人と合わせてこられた人には、実感がわかないと思う。

私は七年生のある時期、一人でお弁当を食べていたことがあった。気がつくといつのまにか声をかけてもらえなくなっていて、自分から話しかけてもみんなの反応が前と違っているのに気づいた。この状況は、生まれてすぐ日本を離れ、小学校入学のときに六年ぶりに帰国した頃となんだか似ているなと思った。みんな誰かと一緒にいて、違うことをしたり話したりする人を遠ざける。西村さんは、一人が嫌だから必死でみんなと仲良くして、楽しそうに見えるようにしたかったのだと思う。でも、自分の気持ちをおさえて、他人にあわせてばかりだと心が苦しくなってくる。

そんな私に姉が「中一の頃は自分の居場所をつくるために仲間を作る。自分を守るために平気で人を傷つける。良かったね。早くそんな目に会って。きっとこれからは他人の気持ちを気づかってあげられるよ。私も色々あったから。」と話してくれた。なるほどものは考えようだと思い、それからとても気持ちが楽になった。

七年生の時の彼女たちは、きっと自分たちの居場所を守ったんだと思う。私は苦しかったけれどそんな経験をしたからこそ帰国した時も今回も大切な友人ができた。恵美の言った「一生忘れられない友だちが一人いればいい」というセリフは私にはとてもとても共感できる。

◆《言葉はナイフだった。》

私は小学校六年生の後半にイジメにあったことがある。その時、私はイジメられていることに気付かなかったが、ある友だちの一言で私はイジメられていると感づいた。周りの友だちに話しかけても、みんな「ふーん、あっそ、よかったね」としか言わなかった。私は、とてもショックを受けた。もっとひどかったのが、私が触れたもの、触ったものを「きたない」だとか「きもい」だとか言われ、とても傷ついた。しまいには、私が買ったおみやげがゴミ箱に捨てられてあった。私は何もしていないのに、なぜイジメられたのか考えた。特に思いつくことはなかった。でも、自分がイジメにあって気づいたことがあった。私も、イジメられる前は友だちに「バカ」や「死ね」など何も考えずに言っていた。私は友だちを嫌になると同時に自分も少し嫌になった。

「きみの友だち」を読んで、西村さんと自分がとても似ていることに気づいた。文中での「負けたくない」などぴったりあてはまる。私はもう、だれもイジメたくないと思った。

『千羽鶴』という作品を語ることをとおして、生徒が自分を語っていることに気づかされます。中には自身のいじめ体験もあります。これらの文章を教室で交流したく、生徒に「印刷して、みんなに配っていいかな？」と聞きました。すると、ほとんどの生徒が「全然いいよ！」と答えます。外に向かって表現できるということは、すでに過去のできごととして自分の中で消化できているということなのかもしれません。

一人、気になる女子生徒がいました。何かというと「西村、ウザイ！」と、つぶやくのです。それが次の授業でも執拗に続きます。ところが、何時間目かの授業が終わった後でした。私のもとにやって来て、小さな声でつぶやいたのです。「西村さんと私って似てる？」どきっとしました。

自分自身と向き合うということは勇気がいります。エネルギーが必要です。一方で人からどう見られているかということも気になる。文学作品を共同で読んでいく中で、一人一人の生徒が自分自身の中に西村さん的な部分があることに気づいていったのでしょう。もちろん、私の中にもあります。そんな教室の雰囲気を彼女は感じていったのかもしれません。彼女の頑なな心が少し柔らかくなったようにも感じました。

3【美術の授業】―「一本のビン」を描く［中一］～ものの見方を教える

本校では、定期的に一つの授業を教員全員で参観し、検討会を持つ「授業研究会」を実施しています。他の教科の授業を知る機会でもあり、自分の教科との共通点を感じる絶好の場にもなっています。

その日は七年生（中一）の美術、授業者はY先生です。明星の美術の授業では、「見て描く」「イメージを絵にする」「模様・デザイン」の三つの領域が用意されていますが、そのうちの「見て描く」＝『一本のビンを描く』が今回の課題です。中学校に入学して最初の教材です。一般的な美術の授業では「見たとおり描けばいいんです」という指示がよく出されます。その実、立体を平面にうつすことは生徒にとってなかなか困難なことです。うまく形をとれない生徒の絵を称して、「そう見えるんだから」「その子の個性を尊重して」という言い方をする人たちがいます。また、それとは全く反対の立場に立ち、「技術指導」の重要性を述べる人たちがいます。しかし、明星の美術の授業を見ていていつも思うことは、「見る眼」を育てているということです。

その時の授業を参観していて驚いたのは、例年になく正確に形の取れている生徒が多かったことでした。自分の描いている絵を友だちに持ってもらって、少し離れたところから実際のビンと比較している生徒がいます。「ビンを描かせると、子どもたちはしばしばラベルは四角、ビンの底は平ら……と、目の前にあるものを観察した結果ではなく、それぞれが知っていること、思い込んでいることを描いていく」、そんな授業者からの話がありました。そのような思い込みから自由にさせることが「見る眼」を育てるということなのでしょう。そのためにはどんな働きかけをし、何を意識させ、自ら気づくようにさせるか？

私はその授業の工夫をこんな風に感じました。「①ビンをいろんな方向から、たとえば真上から、真横から、斜め上からといったようにことあるごとに意識的に観察させている」、「②等間隔に数本の輪ゴムをはめた透明の円柱パイプを用意し、目の位置（視点）によって輪ゴムがどのような形になるかを観察させている」、「③影を描かせることで、光の方向を意識させる」。

そして何よりも「やるな」と思わされたのは、生徒の描いている絵の裏に細かなコメントの書いてある付箋が貼ってあったことです。美術の授業では当然生徒は個人的なアドバイスを求めます。授業者は必死にそれに対応しますが、一人の教師に三十人以上の生徒、どんなに頑張っても生徒の不満は残ります。Y先生は、次の授業までに全員の生徒にコメントを書いていると言います。

　ここでも「視点」という言葉が出てきました。十数年前になるでしょうか。私には忘れられない二つの作品があります。その前に少し説明させていただくと、毎年九年生（中三）は半年かけて美術の卒業制作に取り組みます。テーマは『都市を描く』です。生徒は自分なりの都市を描きます。街に出てさまざまな写真を撮る生徒がいます。これはと思う雑誌の記事を切り抜き、スケッチブックに貼っている生徒もいます。そうして出来上がった作品は、卒業式の日、会場となる体育館に木工・工芸の作品とともに展示されます。

　そこに貼り出されていた二枚の絵、どちらもホームレスの段ボールの小屋を描いたものでした。ちょうど十代の少年によるホームレス襲撃の事件が問題になっていた頃だったでしょうか。一枚の絵は、高台から見たホームレスの段ボール小屋の立ち並ぶ風景。もう一枚は、段ボールの小屋の中から見える、街中を足早に通り過ぎていくサラリーマンや学生の足。描いた生徒は、実際に段ボール小屋を作り、その中に入って街を観察したそうです。同じ段ボール小屋を描きながら、異なる二つの視点の絵です。前者は、現代日本の格差社会を描いています。後者は、何が普通なのか、何が正常なのかの批評を含んでいるように私は感じました。

　絵がうまいというのは、どういうことでしょうか。だれもが画家を目指すわけではありません。しかし、正確にものを観る力、現実世界を複数の視点から切り取る力はだれにとっても必要なのです。自由に自分の人生を生きる上で、なくてはならないものだと思うのです。そのための技術指導は必要です。しかし、目的と手段を混同してしまってはいけません。

昨年の卒業式、卒業生全員の卒業制作『都市を描く』がいつものように貼り出されました。その中の一枚の絵に目がとまりました。電車の車内の光景です。座席シートに腰を掛けた学生やサラリーマンはみな一様にスマホを見続けています。そんな中、一人の小さな男の子だけが後ろ向きに膝をつき、窓の外を眺めています。周りの大人たちは全くの無関心です。男の子の眺めていた窓の外には、何とも美しい夕焼けが見えていたのです。

4【木工の授業】――「家具」をグループで制作する［中三］

本校には、「木工」という独自の授業があります。木工室に入ると木の香りと共に、先輩たちが作り上げた椅子やテーブルが所狭しと並んでいるのが目に入ってきます。教室の前には樹齢百年近いプラタナスの木が暑い夏でも大きな木陰を作ってくれ、晴れた日にはその下が格好の作業場になったりします。

この授業では、七年生（中一）で生徒たちに木という素材に出会わせ、石製の印章と、それを入れる木の箱を作ります。その過程でカンナやノミなど道具の使い方を学びます。自然の素材だからこそ思うようにはなりません。コンピューターで描いたり、3Dプリンターで制作するようなわけにはいかないのです。思い通りにいかない時、今の子どもたちはすぐにリセットボタンを押したくなるでしょう。しかし、自然の素材はそんなに都合よくはいきません。一旦は落胆しつつも、逆にそれを生かそうと発想を変えたとき、面白いデザインにつながったりします。○か×だけではない、柔軟な思考力が育ちます。

その後八年生（中二）では、「木の器」というテーマで作品制作に取り組むのですが、ここでは九年生の授業で出会った印象的なお話をお届けします。

九年生（中三）の授業ではグループで家具（椅子・テーブル）を制作します。クラスを半分に分けた少人数での授業です。まずはデッサンで作りたい椅子のイメージを描き、そのコンセプトと共に互いにプレゼンし、クラスで二つの案に絞っていきます。デザイン案決定後はグループのロゴづくり、役割分担。具体的な目標などを決めていきます。数学が得意で細かな計算をしながら図面を引いていく生徒、空間感覚に優れていてみんながイメージしやすい模型を厚紙で作ってくれる生徒、重い木材を軽々運んでくれる力持ち、地道にやすりをかけることに力を発揮する生徒、グループ内の小さなトラブルをうまく調整し、ムードメーカーになってくれる生徒。時間を経るに従い、それぞれの個性が活かされていく。同じ学習内容に全員で向き合う座学の授業における探究とは違う探究のプロセスがここにはあります。一つの家具を制作するという目標に向かってそれぞれの異なる資質を生かすという協同の作業です。

時間はゆったりと流れています。相手は天然の木材です。硬い節があったり、反りがあったりする。当初の図面通りにはいかない。逆にそれを面白いデザインに変えていく。

「この世の中、さじ加減が大事じゃない？」そのグループは、背もたれをスプーン型にデザインしていました。世の中のこと、将来への不安が雑談で出てくるというのです。「将来はまだ見えていないけど、せめて上を向いて生きていきたいよな！」背もたれの角度が、そんな会話から決定しました。

あるグループは、背もたれにペンギンを彫っていました。「お母さんペンギンだよね!」それぞれの母親と自分との親子関係について自然と言葉が交わされたようなのです。「お母さんって重くない? 子どものために頑張ってくれているのは分かるんだけど、たまにきついよな!」

彼らは密かに椅子の脚の部分に押しつぶされそうになっている子どもペンギンを彫りました。「でも、この子どもペンギンがいつか自立できるように羽をつけておこうよ!」

こんな会話が作業の中で交わされているようなのです。たぶんその小さな声に耳を傾けていなければ、それは単なるおしゃべりとして叱責の対象になってしまうでしょう。でも、木工室という授業場はそれが許される環境でした。一見緩く見えてしまうそのような場だからこそ、心が解放されだれともなく心の叫びがつぶやかれるのでしょう。それぞれが作業し、あるいはぼーっとしながら、決して向き合わない中で言葉がつながっていきます。

「あー、癒された!」今日も木工室から出ていく生徒からそんな声が聞こえました。

5【数学の授業】—「ピタゴラスの定理」を学ぶ［中一］

〜「?」から「!」へ

たしか数年前の六月のことだったと思います。コロナなどという言葉がまだ聞こえていない頃でした。受験希望者で学校見学に訪れた方を案内していました。中学校校舎をまわりながら廊下から教室の中の中学生の様子を見てもらっています。二階の廊下に出てみると扉の開いている教室があります。せっかくなので教室の中に入ってみました。七年生（中一）の数学の授業です。

「『cm』は、何を表す単位ですか？」——「長さ！」

「『cm²』は、何を表す単位ですか？」——「面積！」

「では、4cm²の面積の正方形を作図できるね？　9cm²の正方形はどうかな？」

先生が作図するための用紙を配ると、早速生徒は作業に取り掛かります。その様子を見ながら私たちは教室を後にしました。

次の休み時間のことです。授業者のN先生から声をかけられました。「もう少し見ていてくれたらよかったのに！」どうも私たちが見たものは授業の導入で、小学生でもできる問題だというのです。実は、この授業での本当の課題は、「13㎠の正方形を作図しなさい」というものだったようです。格段に難しくなります。2乗して13になるのは……と、計算を始めてみました。3と4の間。3.6と3.7の間。実は生徒もそういう計算を始めたそうです。中にはもっと先まで計算する生徒もいるというのです。そんな生徒に先生は、「でも、そんな細かい数字を作図できる定規はないよね！」と言います。私も頭を抱えました。

N先生は生徒たちに次のようなヒントを与えたそうです。「4・9・13という数字で、何か気づくことはないかな？」私には見当がつきません。ただ、中学一年生の教室では必ずだれかが気づくと言います。「これを使えばいいのか！」教室の中でだれが最初に気づくのか。たぶんその発言で多くの生徒が「？」から「！」に変わっていくのでしょう。

そこで私は、N先生にそれまでの授業のノート記録を見せてくれるように頼みました。そして「なるほど！」と思うわけです。実はこの授業の数時間前に、以下のような授業があったのです。ここではその一部を紹介したいと思います。是非、一緒に考えてみてください。

課題1

同じ大きさの2枚の正方形を切って、すき間が空かないように並べ替えて、1つの正方形を作りたい。さて、どう切ってどう並べかえればよいでしょうか。

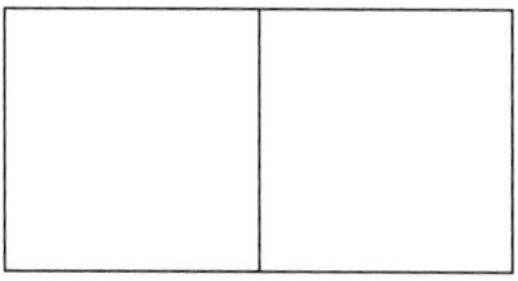

生徒は配られた紙に補助線を入れていきます。特に難しい問題ではありません。でも、ノートを見ると生徒から出てきた考えは5種類もありました。「簡単な問題だ!」と私も補助線を入れ、それで済まそうとしていたのですが、5種類の考えを眺めながら「?」、頭が動き始めるのを感じます。生徒から出てきた考えは次の通り。発表者はなぜそれが正方形になるのかを説明できなければなりません。

〈生徒の考え〉

ア

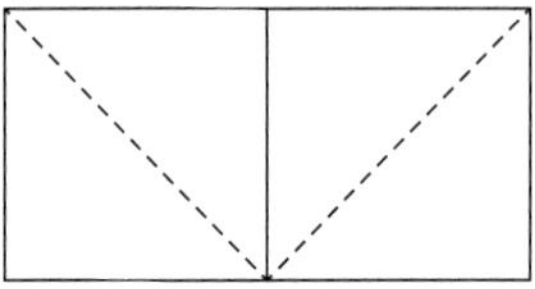

イ

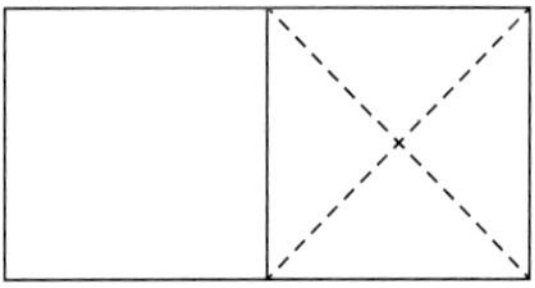

ウ

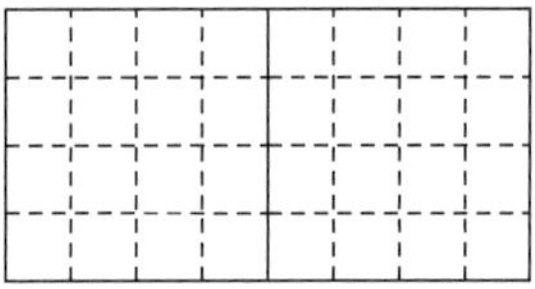

エ

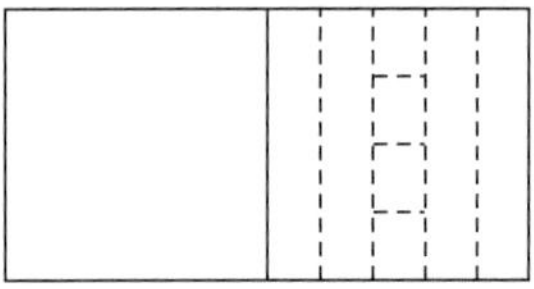

オ

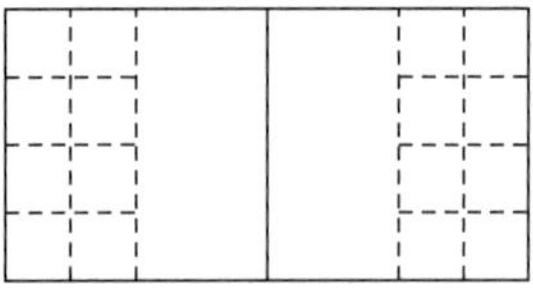

ここから議論が始まります。まずは、ウに対して反論があがりました。説得力のある説明をしなければいけません。答えが合えばいいということではありません。次のように小さな正方形に１〜32の数字を書き入れた上で説明が始まりました。

1	2	3	4	5	6	7	8
9	10	11	12	13	14	15	16
17	18	19	20	21	22	23	24
25	26	27	28	29	30	31	32

「小さな正方形を何枚か使って大きな正方形を作るためには、縦の枚数と横の枚数が同じである必要がある。たとえば2×2＝4（枚）、3×3＝9（枚）、4×4＝16（枚）というように。でも、同じ数どうしをかけて32になる数はない。だから、この方法では大きな正方形にはならない。」

次は、オについての反論です。裁ち合わせをすると正方形の四隅が欠けてしまいます。ウやオに賛成した生徒はごくわずかですが、なぜ間違いなのか言葉で説明することも大切な学習なのです。

続いて、エへの反論です。こちらは、正方形の四隅に紙片を置くことはできます。でも、ぴったりとははまりません。なぜでしょうか？「四隅に置かれた四角形は正方形ではありません。1辺は大きい正方形の5分の1、もう1辺は4分の1、だからはみだしてしまう。」

エ

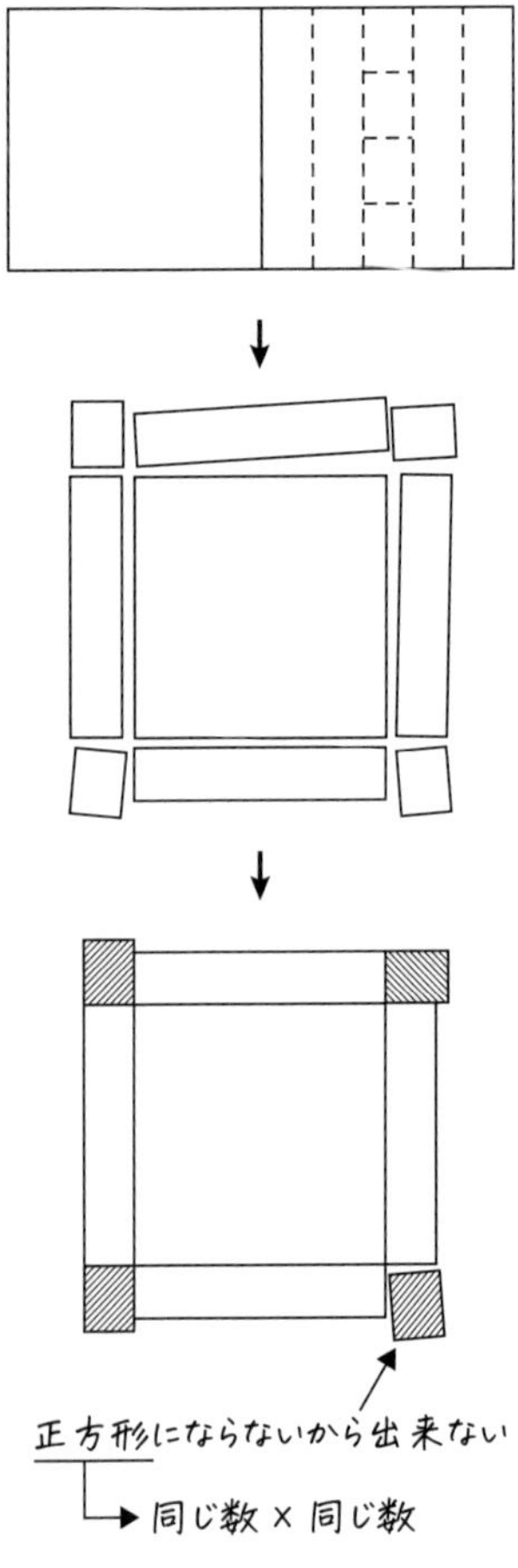
正方形にならないから出来ない
同じ数×同じ数

アとイには、反論はおこりませんでした。ただ、イよりもアのほうが断然シンプルであることに当然のことながら気づきます。実際にハサミで紙を切って確かめてみます。

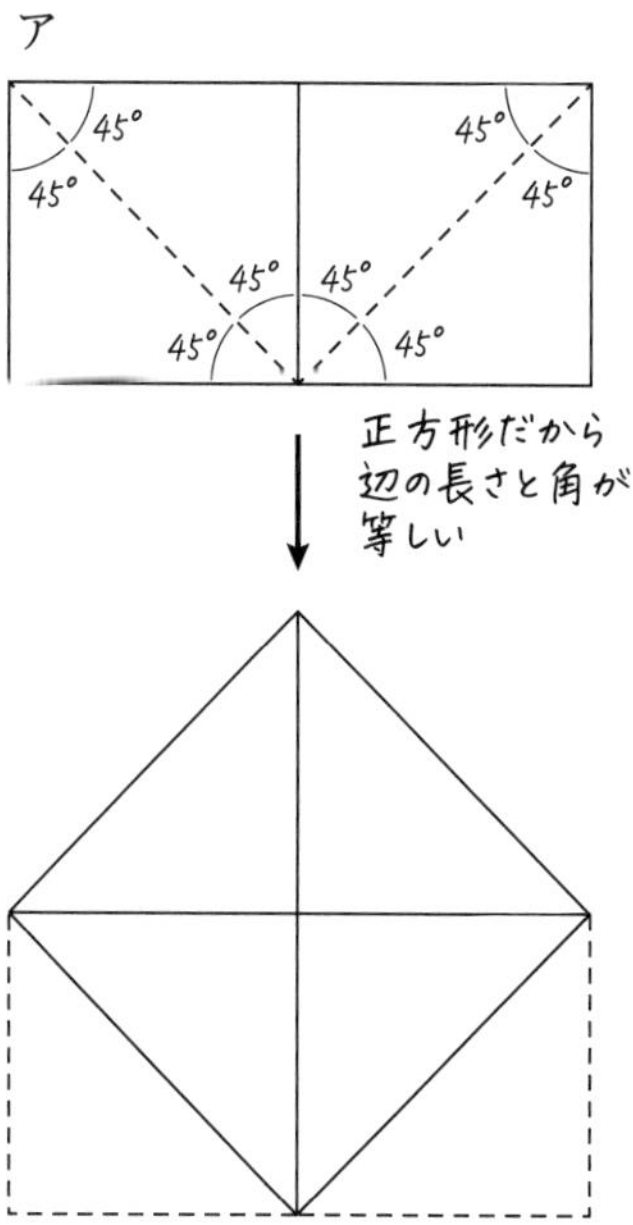

これは実は次の課題のための導入の課題でした。

課題2

サイズの異なる2つの正方形を裁ち合わせて、1つの正方形を作りたい。さて、どう切ってどう並べ替えればよいでしょうか。

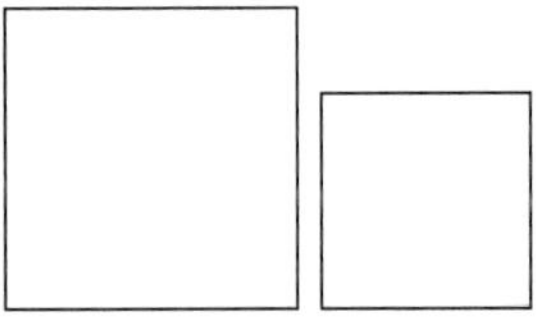

生徒たちは必死に鉛筆を動かし、悪戦苦闘します。でも、なかなか正解を見つけられません。生徒のノートを見ると、その跡がはっきりと残っています。そのプロセスこそが生徒を知的に育てます。

皆さんなら、どのように考えますか？

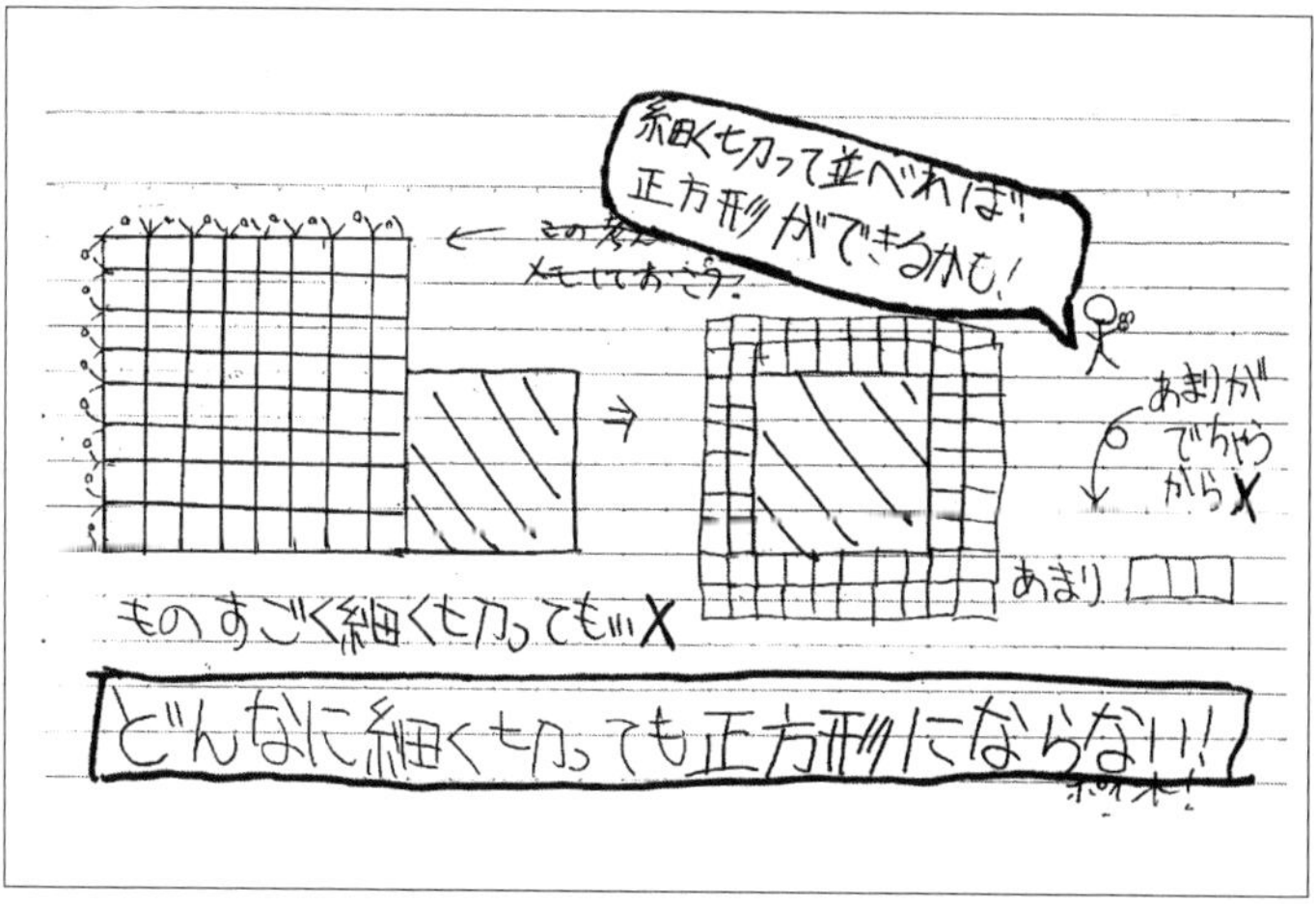
細く切って並べれば正方形ができるかも!
あまりがでちゃうからX
あまり
ものすごく細く切ってもX
どんなに細く切っても正方形にならない!
ポイント!

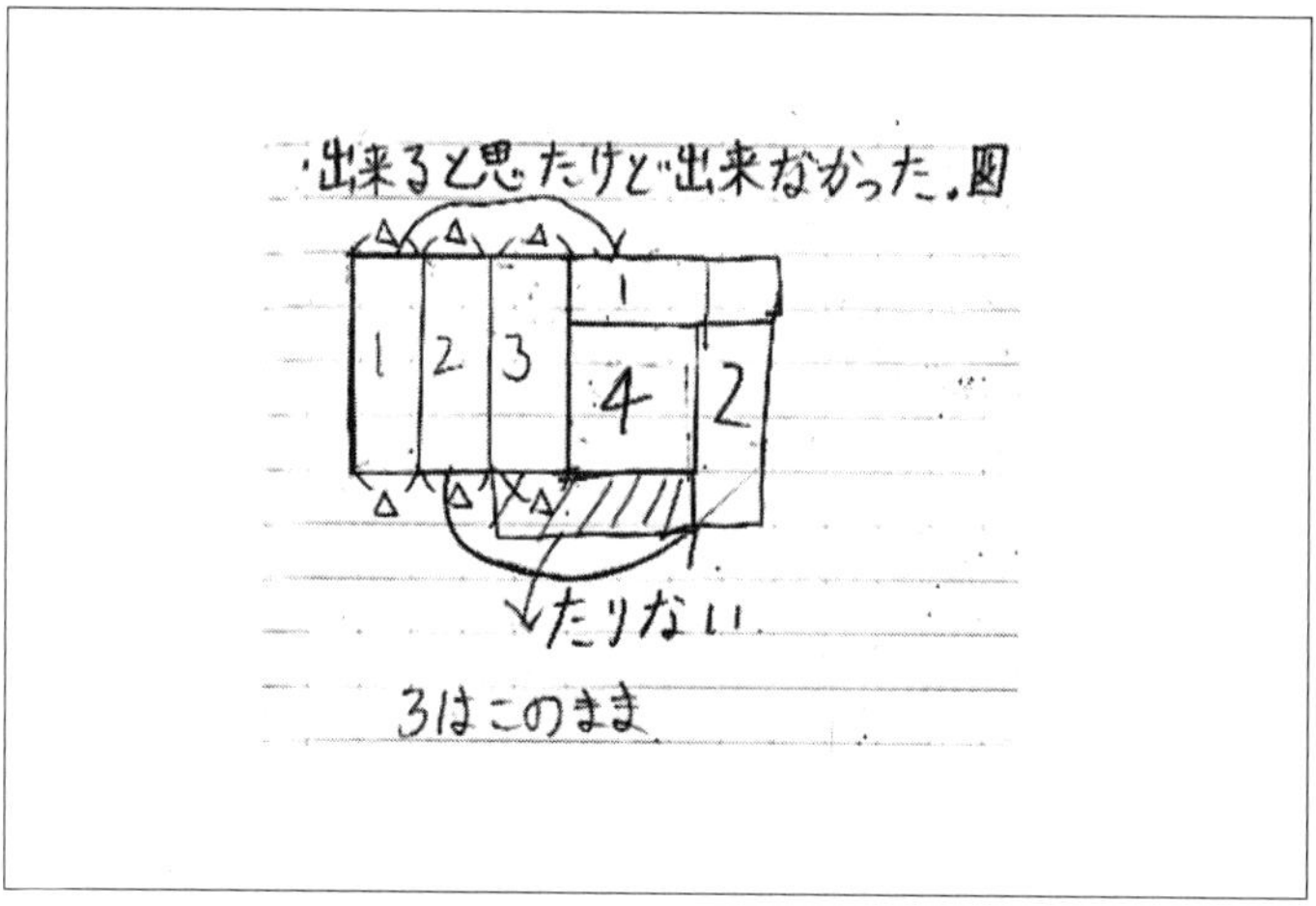
・出来ると思ったけど出来なかった。図
1
2
3
4
2
1
たりない
3はこのまま

ある時間が経過した段階で先生は次のようなヒントを与えます。

「裁ち合わせパズルです。A・B・C・Dのどれかのタイプならできるかもしれません。」

A

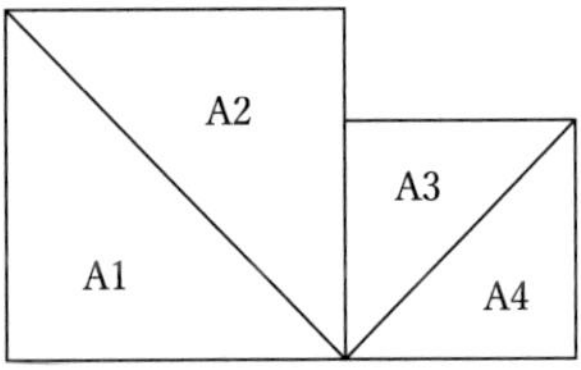

B

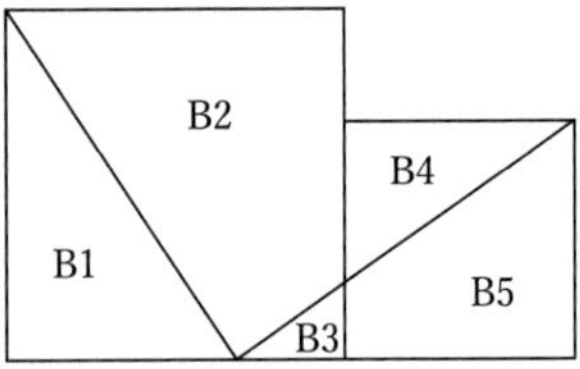

C

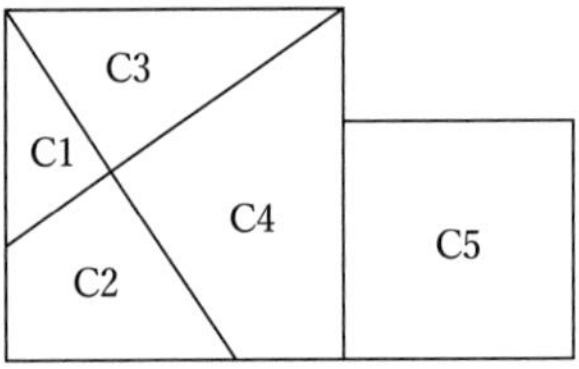

D

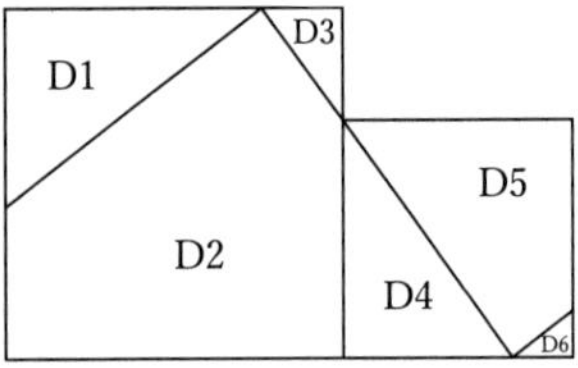

生徒は配られた厚紙をハサミで切り、今度は手を動かしながら裁ち合わせがうまくいくかどうか格闘を始めました。

「Aはできないけど、B・C・Dなら正方形になる！」

B

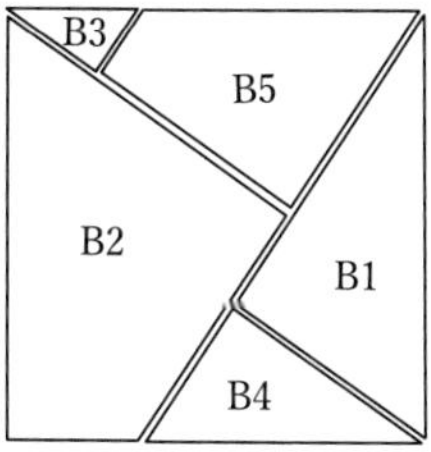

C

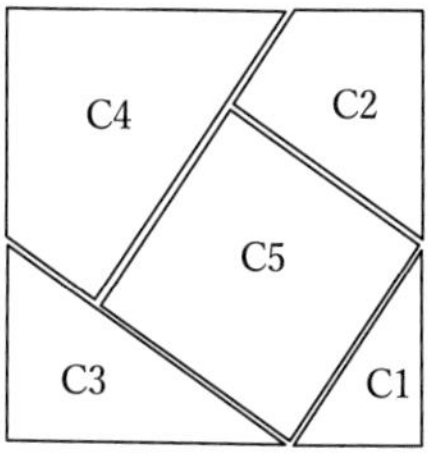

D

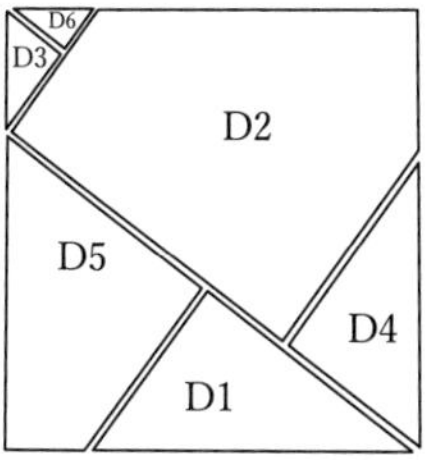

「では、B・C・Dのうち、どれが一番シンプル（簡単で美しい）だろうか？」先生の質問は続きます。実際に手を使ってピースを動かしてみると分かることがたくさんあります。Bは、B1・B3・B5の3枚のピースを動かすだけで正方形になります。しかも、B3とB5は切らずに移動させることができるので、移動回数は2回です。Cも、C1・C2・C3の3枚のピースを動かせば正方形ですが、ピースを3回切って3回動かすことになります。生徒たちは意見交換の末、Bが最もシンプルであると結論づけます。

課題3

次の図の2つの正方形を裁ち合わせて、1つの正方形を作りたい。裁ち合わせパズルのBタイプの裁ち合わせ線の仕組みを見つけて、左の図に裁ち合わせ線を書き込みなさい。

Bタイプの裁ち合わせ線の仕組みについて、生徒はある法則を見つけようとします。

ポイントは点Ｐの位置です。彼らはこんな発見をしていきます。「辺ＥＦ＝辺ＢＰになるように点Ｐをおく」「辺ＡＢ＝辺ＥＰになるように点Ｐをおく」「辺ＡＰと辺ＦＰは同じ長さだ」「角ＡＰＦは直角になっている」

その上で、最もシンプルに、そして正確に裁ち合わせ線を引く方法を選びます。分度器よりもコンパスのほうが点Ｐを特定しやすいようです。ただ、生徒のノートによれば、裁ち合わせた正方形が本当に正方形なのか、「実験」ではなく「理屈」で説明することが求められていきます。それが課題４になっています。ここでは「三角形の合同条件」を使うことになります。

そしてついに私が授業の最初だけ参観したあの日の課題になるのです。

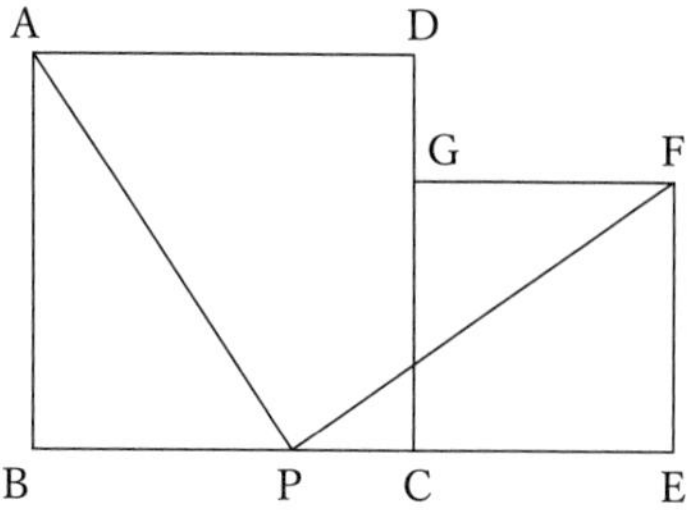

課題4

面積が13㎠の正方形を作図しなさい。

皆さんはもう作図できるでしょうか。もし分からなくても、あの時N先生の言った「4・9・13」という数字のヒントでピンとくるはずです。そして面積13㎠の面積を作図するだけなら余分な線分を消しても良い、むしろそのほうがシンプルであることを発見します。

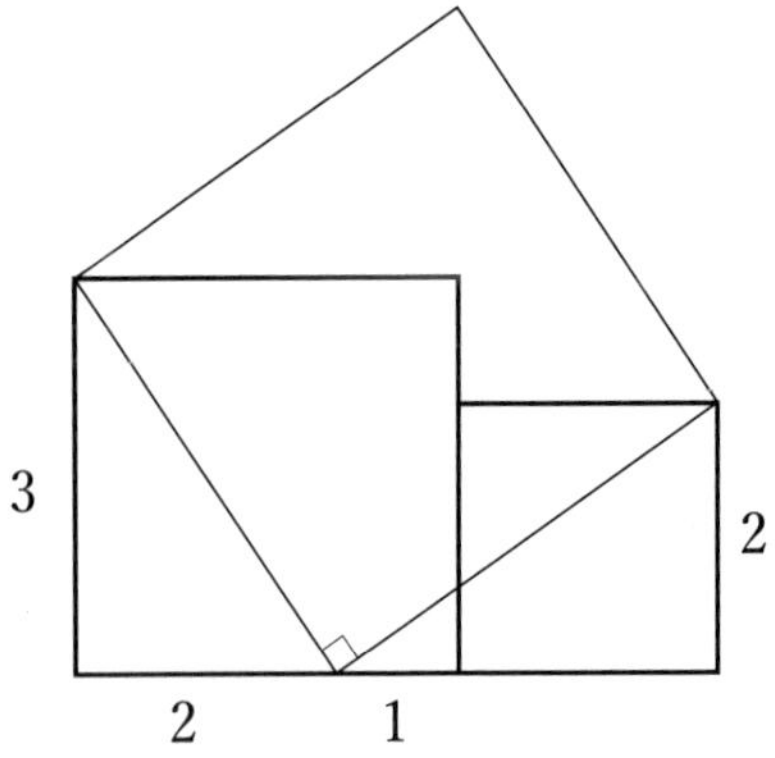

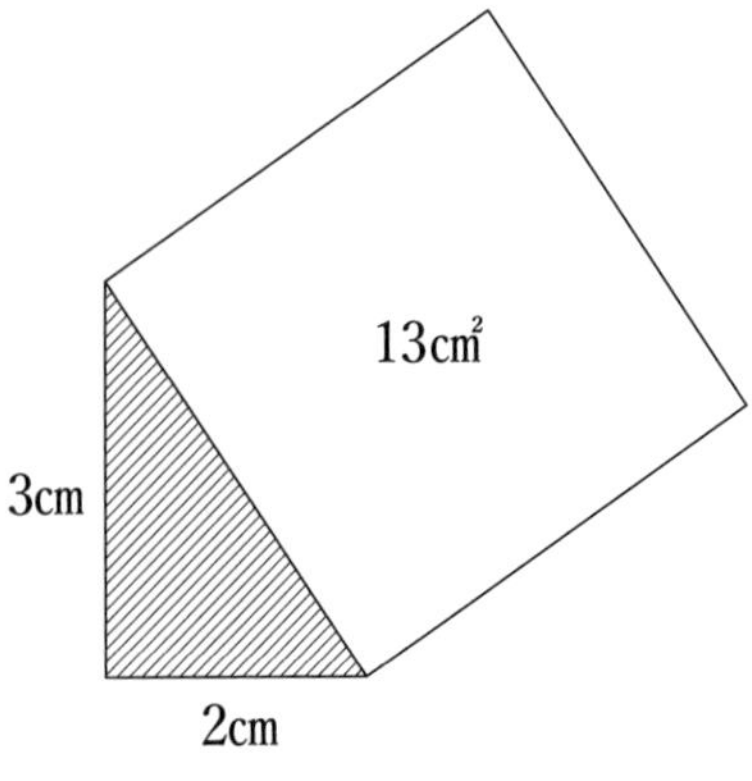

ここまでくればピタゴラスの定理（三平方の定理）、「直角三角形の直角をはさむ2辺の2乗の和は斜辺の2乗と等しい」につながっていくであろうことは予想できます。ルート数の導入の位置づけともなるでしょう。直角をはさむ辺の長さがそれぞれａ・ｂ、斜辺の長さがｃである直角三角形があるとき、「$a^2 + b^2 = c^2$」。それ自体はとても単純なことです。しかし、なぜそうなるのかはよく分かりません。それでも問題集の問題を解くことには大きな障害とはならないでしょう。定理とは発見した人が素晴らしく、後の人はそれを使わせてもらえればいいのかもしれません。しかし、中学生にもその発見の喜びを少しでも感じてもらいたい、探究することのすばらしさを味わってほしい。そんな思いを感じる実践でした。

我々にとって最も身近な図形の一つである正方形を裁ち合わせすることを通して、それまで見えなかった世界が見えてくる。数学でも国語や美術と同じキーワードが出てきました。ものの見かた（視点）と世界の切り取り方です。もちろんテストのために勉強するということも現実問題として避けられない面もあるかもしれません。しかし先人が発見した多様な「ものの見かた」を獲得することこそ、教科教育における最上位の目標であることに間違いはないでしょう。そしてこれからの新しい時代、単なる知識ではないこのような力こそ、ますます必要になってくるに違いありません。

【第Ⅲ部】教科教育を超えて

明星学園は大正十三年、大正自由教育の潮流の中創立された小中高十二年一貫校です。創立当初より、各教科の中で「なぜと問うこと」「自らの仮説（意見）を持つこと」「根拠（理由）を挙げながら、他者と議論（対話）すること」を大切にしてきました。第Ⅱ部で述べたように、それは芸術教科での実践にも及びます。

ＡＩ時代を迎えようとする今、その重要性はますます増しているといえるでしょう。それは人間が自由を獲得するための方法だからです。「便利であること」「楽なこと」に屈してはいけません。ＡＩ時代においていかに自律的な人間として生きていくことができるか、そのような視点に立ち、本校では二〇一八年度より、これまでの探究的な学びの上にさらに「総合探究」の四科目を中学校の必修の授業として新設しました。中一の「てつがく対話」「図書館と情報」、中二の「探究実践」、中三の「卒業研究」がそれにあたります。新しい時代を生きていくには他者と共同し、知恵を出し合うことが求められます。柔軟な思考と感性が求められます。それは自ずと学校が社会に開かれていくことでもあります。

第Ⅲ部では、「てつがく対話」の授業について、また学校が開かれていくためのいくつかの実践についてお話しします。

1 「てつがく対話」の授業

① 問うことの大切さ

「なぜ……か？」「どうすれば……か？」自分自身に問うということは、前向きに生きている証と言えるのではないでしょうか。「どうせ自分なんて……」という状況の中で、問いは生まれません。問いを立てるということは、混とんとした状況を自分なりに整理し、より良い状況にしたいと考えるときに生まれます。そして思考が始まります。自己内対話です。

他者に問うとき、それは他者との対話を生むきっかけとなります。ただ、日本語において「なぜ？」「どうして？」と他者に問う形は、単なる愚痴や不平のまま終わっていることが多いように思います。英語では「Why…?」と尋ねられれば、必ず「Because…」という形のこたえが返ってきます。ところが日本語で「なぜ学校に行かなければならないの？」「どうして勉強しなければいけないの？」と子どもに問われた時、大人はどのような答え方をするでしょうか。本気で答えようとするでしょうか。子どもは答えを期待せず、ただ不満をぶつけているだけかもしれない。「どうせ大人だって、答えられないでしょ」。あるいは、本気で一緒に考えてほしいと思っている子どもは、大人のそんな姿勢に落胆するかもしれません。言葉がつながっていかない。空気を読むのが得意、つまり自分の頭で思考することを積極的にしない人のほうが、今の日本社会では生きやすかったりします。でも、それでよいのかということです。

良い聞き手に出会ったとき、良い語り手が生まれるように思います。しっかり耳を傾けてくれる人に対して、無責任な言葉はなかなかかけられません。と同時に、相手に届く問いとは何かということが問われます。問うことの大切さとともに、問いを問い直すことの大切さが求められるのです。ここにこそ、「てつがく対話」の意味があるように思います。

②「てつがく対話」とは?

二〇一八年度から明星学園中学校では、七年生（中一）の全生徒を対象に年間を通し「てつがく対話」の授業を週一時間実施しています。一つの教室に私を含めた三人の教員が入ります。「てつがく対話」とは、子どもたちの思考力を養うために一九七〇年代のアメリカにおいて「子どものための哲学」として始まったものです。哲学者の思想を教えるのではなく、身近な問いから出発してグループで一緒に考え、対話を深めていくものです。フランスなどヨーロッパ圏においては、必修の授業として位置づけられているところも多いようです。

この授業の大切なポイントは「何を言ってもいい」、ただし「否定的なことは言わない」というニつのルールだけです。「何を言ってもいい」というルールがない限り、対話は哲学的になっていきません。また、相手の意見を論破することを目的にするところからは、他者との相互理解は生まれません。「てつがく対話」は、勝ち負けではありません。一つの正解を決めることでもありません。他者を尊重することなしに、対話は成立しません。

そしてもう一つ、単なる意見交換で終わってしまっては意味はありません。「みんなちがって、みんないい」は、一歩間違えると対話の否定につながります。相手と違う自分の意見があればはっきり言っていいのです。疑問に思うことがあれば、問いの形で相手に返すことです。そのことなしに、対話は生まれません。「否定的なことを言わない」というのは、相手を馬鹿にする言い方をしないということです。

それに比べ、一般的な学校空間とはどのような場所でしょうか？　間違ったことを言えば、…笑われる。先生の意に添わなければ、…嫌われる。あるいは、嫌われるのではないかと不安になる。そのような場では生徒は、学びの当事者にはなれません。これは学校空間に限ったことではありません、一般社会においても同様です。だからこそ、忖度《そんたく》といった言葉が流行語になったりもするのでしょう。そのような空間では、本当の意味の「責任」というものが発生しません。「自由」と「責任」は、コインの裏表です。

「てつがく対話」の空間は、そのような意味で「非学校空間」にならざるを得ません。「なんで学校に行かなければいけないの？」「なんで人を殺してはいけないの？」　このような問いをめぐって自由な精神で対話する覚悟がないと、この授業は絵に描いた餅になってしまいます。

日本社会において、子どもが親や先生にこのような質問をしたらどうなるでしょうか。「つまらないこと、考えているんじゃないわよ！」と言われるのが関の山でしょう。子どもの側に立っても、ただの不平不満を吐いただけで答えなど求めていないかもしれません。対話の生まれる余地はありそうにありません。もともと日本語自体、対話を生みづらい言語なのでしょう。それは議論することよりも察し合う、対立を好まずまず同じ価値観の中でまとまろうとすることを良しとする文化だったからなのかもしれません。

しかし、明星学園は授業の中で失敗することを尊重してきました。自分の考えを表明する限り間違うことはつきものです。それは恥ずかしいことではありません。一つの間違えや勘違いから授業は活性化し、ダイナミックに展開していく。そんな授業を目指してきました。失敗しないことを優先させている限り、思考は深まっていきません。こと明星学園においては、「てつがく対話」を行う素地がもともとあったともいえるのです。

③「てつがく対話」の授業風景

中学校校舎の屋上に上がると、秋の陽ざしの中、大きく視界が開けます。緑濃い井の頭の森、玉川上水の緑のロード、東には新宿の高層ビル群、天気が良ければ西にはまもなく雪をまとうであろう富士山の堂々とした姿を見ることができます。

先日の七年生（中一）『総合探究』「てつがく対話」の授業は、そんな屋上でクラスを三つに分けての対話が行われました。すでに授業では「問い」を出し合っています。各クラス、百以上の「問い」が生徒から出され、プリントされたものが「哲学ノート」に貼られています。

この日の授業は、その中から選ばれた三つの「問い」について対話が行われました。

①多数決はいつも正しいのか？
②贅沢は良いこと、悪いこと？
③なぜ迷惑なことを人はやるのか？

①を担当するのはレイナ（明星学園高校を卒業後、上智大学・大学院で哲学を学び、てつがく対話とかかわりながら、現在人と人をつなぐさまざまなクリエイティブな仕事に携わっています）。②を担当するのはカレン（明星学園中高を卒業後、慶應義塾大学に進み、現在東京大学大学院で哲学を研究しています）。そして③を担当したのが私、堀内でした。

ここでは、「なぜ迷惑なことを人はやるのか？」の対話の様子を簡単に紹介したいと思います。

対話は、こんな男子生徒の　言から始まりました。「この間電車の中でおじさんがぶつかってきて謝りもしないから、咳をするふりをしちゃった。迷惑なことをされて、腹が立つとこちらも迷惑なことをしちゃうんじゃないかな。人間ってそういうところあるでしょ！」うなずく生徒が数人、微妙な表情の生徒が数人。

数秒の沈黙の後、一人の女子生徒が語り始めました。「話が変わってしまうかもしれないけど、私は何をするにもペースが遅くて、小学校の時に周りの人に迷惑ばかりかけてしまっていたの。」先ほどの男子生徒がすかさず声を発しました。「それは迷惑とは言わないよ！」「でも、集団で行動するときそれを乱す人がいると迷惑だと思われるんじゃないの！」「わざと乱す人と、合わせようと頑張っても合わせられないのとは違うんじゃない？」「でも、先生の立場からとか、その立場によって違うかもしれないよ。」

別の男子生徒が話題を変えました。「これまで七年間近く学校で生活してきて、いろんな経験をしたり見たりしてきているんだけど、一番トラブルになるのが、からかいやいじりだったりする。すごく迷惑なんだけど、全然その子は自覚していない。」「嫌なら嫌って言えばいいでしょ。僕ならそうするよ。」別の男子生徒も話に加わります。「やめてって言っても、聞いてもらえない。」「それは本気で言っていないからじゃない？　笑いながら言ってない？　やめろ！って本気で言わないと！」「なかなか言えないよ。悪気がないからよけい言いづらい。」「言われなくてもそういうこと、気づいてあげることも大事なんだと思う。」

正解の答えがあるわけでもなく、授業の終わりをどこに持っていくかの想定があるわけでもありません。でも、教員は交通整理するのみ、生徒の発言だけで流れができていきました。特別に迷惑をかける悪い人がいるというより、無自覚な行為、コミュニケーションをとることの難しさ、そんなことが語られる場となりました。

授業の最後には、対話を経て感じた自分の答えをノートに書いていきます。さて、どんなことが書かれているのでしょうか。

④「てつがくの箱」

本校の教室には「てつがくの箱」なるものが置かれています。この箱には、生徒が疑問に感じた問いを自由に紙に書いて入れていいのです。それらの問いは定期的に「てつがく対話」の授業を担当している三人の教員が確認し、「てつがく通信」の中で答えていきます。「人を傷つけるようなものでなければ、どのような問いでもいいよ」と言います。

たぶん、このように言われることは学校空間の中ではあまりないように思います。たとえ言われたとしても、生徒たちはにわかには信じないでしょう。どうせ口だけだと思っている生徒もいるに違いありません。そのせいか、あえて普通には先生に質問しないような問いを一部の生徒が箱に入れたりします。先生を試しているのかもしれません。担当のレイナとひろはてぃー(「てつがく対話」の授業ではお互いに愛称で呼び合います)は、あえて最初はそのような問いに真剣に答えます。生徒にとってこれは一つの驚きなのでしょう。真剣に答えてくれる人には、つまらない質問はできません。しだいに答えがいのある質問がたくさん入るようになっていきます。

「てつがく通信」第三号（中一の二学期）は、私が担当することになりました。生徒の問いにどう答えるか、真剣勝負です。正解があるわけではありません。一年後同じ質問をされたら、別の答え方をするかもしれません。ただ、今思うことを誠実に答えようとは思いました。自分の考えを押し付けようとは全く思いません。生徒の側から「ぼくはそうは思わない」といった意見が出てくれば、それは嬉しいことです。そこからまた対話が広がっていくはずです。

今回は、その一部を紹介します。

Q 自分の自由の邪魔になるものをなくせば自由になれるの？　そもそもそんなことできるの？

A 邪魔なものがあれば、それをなくしたいと思うよね。でも、それをなくそうと思うともっとめんどくさいことになったりする。ますます自分の思い通りにいかなくなったりする。

泥沼化。これは今までのいくつもの失敗からボク自身が感じていることです。後になってから振り返ると、「自分にとって邪魔なものをなくしたい」と思う自分の心こそ不自由だったと思うんだ。邪魔なものをなくすのではなく、自分の心をどう変えるか。これが自由への道だと今は思います。そして、自分にとって邪魔だと思っていたものこそが、本当は自分が本当の意味で自由になるための大切なものだと、頭ではうすうす気づいています。だけど、なかなかそれができない。まだまだボクは不自由です。でも、若い頃と比べるとずっと自由になれたと思うよ。年を取るということは、そんなに悪いことじゃないと思うな。

Q 守るものがある人と、捨てるものがない人、どちらが強いの?

A う〜ん。良い問いだなあ。そして難しいなあ。「守るものがある」ということは、守るもののために頑張れるということだよね。自分のためであれば、途中であきらめてしまうかもしれないけど、守るもの守る人のためであれば、もっと強くなれると思う。「捨てるものがない」ということは、失敗したときの恐怖がないということだよね。恐怖がなければ何でもできる。なんでも躊躇せずにやってしまえる。どっちが強いんだろう? ここで問題になるのは「強さ」って何かということだ。怖れるものなくやってしまえることが強さというなら、「守るものがある」人より、「捨てるものがない」人のほうが圧倒的に強いんだと思う。でも、ボクはそれを勇気と呼ばないし、強さとも呼べない。「捨てるものがない」人がもし本当にいるとするなら、人間として寂しいことだし、そのこと自体が怖いなと思ってしまう。もちろん、煩悩をなくし、捨てるものがない境地を目指すというのは尊いことだろう。でも今のボクは、守る人のために、人間としての感情を封じ込めずに、世間体など考えられないほどの中で「守るもの」のために行動できる人を強いと思う。

Q 自由とひきかえに安全な暮らしをするのと、危険をおかしてまで自由を手に入れるのとどっちがいい？

A この問いを前にして、今自分はぬるま湯の中にいるのだなと思ってしまった。だって、世界の中で最も安全と言われている国で暮らし、それほどの大きな不自由を感じずに暮らしているから。でも、今地球上では自由を手に入れるために、命を懸けている人がどれだけいることかと思う。そんな立場に立ってこの質問には、軽はずみには答えられない。
そこには、自由と安全両方を求めている都合のいい自分がいる。それでいいのかと問い返してみる。自分さえよければ、考えなくてもいいのか。

社会の授業やテレビのニュースで沖縄の基地の問題を聞いたことがあるだろうか？　日米安全保障条約というのは知っているだろうか。日本の安全を考えると基地が必要なんだという考え方。基地が近くにあるのは危険だし、人々の自由が奪われているという現実。安全と自由、どちらを選ぶ？

日本国内にも切実な現実がある。想像力と曇りのないアンテナさえあれば、いろいろなことに気づくだろう。見て見ぬふりはできない。

安全と自由、両方を得るためには、何かを我慢しなければいけない。ただ、それをだれかに押し付けて自分さえ良ければと考えたり、そのことに無自覚であってはならないだろう。正解なんてないと思うけれど、みんなと一緒に考えたい問いだと思う。

Q　人前で発表するとき、緊張しない方法ってありますか？

A　この質問は哲学的な問いではないよね。「なぜ人は緊張するのか？」「人間にとって緊張することの意味は何か？」なら哲学的になっていく。でも、ボク自身すごく緊張するタイプなので、この問いに目が留まってしまった。

ボク自身三十年以上教員をやっていて、大勢の人を前に話す機会はたくさんあったけれど、いまだに緊張する。頭が真っ白になってしまって、話そうとしていたことが丸ごと吹っ飛んでしまったりすることもある。話し始めでかんでしまうこともしばしば。あまりに緊張したときは、呼吸が苦しくなったりもする。でも、三十年前に比べると、それを少しごまかせるようになってきた。心の内側はものすごく緊張しているんだけれど、あまりそれを悟られないようになってきた。

最初にやったのは、話すことをすべて紙に書くこと。挨拶から始まってすべてだ。そしてその紙を発表の時、いつも手にしていた。それを読んでしまうと発表にはならない。一生懸命覚えようとした。頭が真っ白になってもこの紙があれば大丈夫だという安心感があった。安心感があると余裕が生まれる。聞いてくれる人の表情が見られるようになる。その中にニコニコしてくれている人が一人でも見つけられたら最高だ。

もう一つ、発表の直前につばを飲み込み、深呼吸する。発表の途中でもいい。緊張するとどうしても早口になって、息苦しくなる。つばを飲み込んで一呼吸置く。これが良い間になる。ゆっくりしゃべるということも大事だね。

でも、一番ここで言いたいのは緊張していいじゃないかということだ。緊張している人を見ると「がんばれ!」という気持ちにはなっても、不快になったりすることは全くない。どちらかというとプラスのイメージだ。もちろん発表の中身がないのはだめだけれど。そしてこの緊張感こそが自分を高めていくことにつながっているんだと思う。そういう意味で、発表できる（緊張できる）場を与えてもらえるということはとても貴重なことだと思う。そして、その経験は絶対に自分の身になっていく。中高生時代は良い経験を積む時代だ。緊張を前にしてひるまず、行動してほしい。緊張しながら何かをし終えた後って、とても気持ちがいいから。

2 学校をもっと開かれた場所に ―民家泊

① 初めての民家泊

最近、修学旅行に民家泊を組み込む学校が増えてきました。教育旅行でいう民家泊とは、生徒を三、四名ずつ、その地域の民家に預け、その期間その民家の方と共に生活させるという取り組みです。本校では二十年近く前からこの取り組みを始め、八年生（中二）では新潟奥阿賀地方の山村に、九年生（中三）では主に沖縄の伊江島・伊平屋島等での体験を行ってきました。

当初は不安がありました。生徒たちを自分たちが管理できない場所に置くということは教員にとって想像以上に不安なことのようです。また、保護者にとっては、そこがどのような家でどのような人にお世話になるのか、あるいは自分の子どもが知らない方の家で迷惑をかけないか、さまざまな不安の声があがっていました。

しかし、私にとっては子どもたちを日常の家庭や学校からいかに解放させてあげるかがテーマでした。それは家庭や学校を否定するものではありません。逆に家庭や学校の存在を輝かせるためにこそ必要なことだと感じていました。かつての、生徒にとって受け身的な見学が中心であった宿泊行事から脱却しなければなりません。

二〇〇五年、本校では初めて全員が修学旅行の中で、二泊の民家泊を経験することになりました。お世話になるのは、沖縄本島にある東村と本部港からフェリーで三十分のところにある伊江島の方々です。この年の修学旅行の報告を私は次のように記しました。

今年の修学旅行は民家泊をメインにすえた。伊江島と東村に分かれ、全員が三〜五人の小グループで地元の家庭で二泊お世話になるのだ。一見何でもお金で手に入るような錯覚をおこしてしまうような世の中。情報があふれ、どのようにそれを受けとめてよいかとまどってしまう現代。それでいて何かが欠けているように感じている人々。

十四、十五歳の生徒たちに親でもなく教師でもない、日常を一生懸命生きている大人との出会いをさせたいという思いがあった。沖縄には彼らに触れさせたい文化、自然、歴史がある。現代人が考えなければならない今日的な問題が凝縮されているともいえる。それを単なる情報や知識として与えるのではなく、同時代を生きている一人の大人と接することをとおして、彼らが何かを発見し、何かを学ぶことができたなら、素敵なことだと思った。

実際、彼らが書いた寄稿文を読むとお世話になった「おじい」や「おばあ」の忘れられない一言、東京での生活では気にもとめていなかったようなことの発見があふれている。もちろん人と人との出会いに、一様の結果を求めても意味はない。ただ、一人一人の心の中で火花がと

び、忘れられない一ページが生まれていたとしたら何よりも嬉しい。（中略）

修学旅行が終わり、生徒たちは民家の方々に一人一人お礼状を書いた。事前にあいさつ状を送ったときとはちがい、カラフルで気持ちのこもったメッセージの書いてあるものが多かったようだ。社会科からはレポートの提出という宿題がある。彼らがどのようなテーマを選ぶのか楽しみである。国語科ではフォトエッセーと民家泊についての作文が課題となっていて、今後文集としてまとめる予定でいる。ここでは夏休み中に送られてきた彼らの文章から一節を引用して、その報告としたい。

◆「何か映画みたいだね」トラックにゆられながら友だちが言った。私たちは、沖縄でこれから泊めてもらう民家へ向かっている。トラックの荷台に乗るのは久しぶり。本当に畑と家がポツポツあるだけで遠くまでよく見えた。ああ、沖縄来たんだなあ……!! 何だかやっと実感がわいてきた。（ゆき）

◆「今日から大家族だね」。私たちの班が泊まった民家のおばあに言われて一番うれしかった言葉でした。（ありす）

◆夕食の時間。みんなでおしゃべりしながら食べるご飯は格別だった。学校の話、家族の話、友だちの話……私たちは日が暮れてもしゃべり続けた。ゆみちゃん（民家の奥さん）が「おしゃべりするって、沖縄の方言で『ユンタク』って言うんだよー」と教えてくれた。私たちは何だか嬉しくなって、「じゃあ今ウチらはユンタクしているね」なんて言いながら笑った。とってもおだやかな時が流れていた。（ゆかこ）

◆おじさんはいつもと違い、真剣な顔で話していた。「伊江島に民泊している生徒は、その家の子どもだ。だからもちろん名字でなんか呼ばずに名前で呼ぶ。生徒としてではなく、自分の家の子ども、一人の人間として接している。だから君たちの意見を尊重する。昨日も言ったけどおじさんが何かを話していても聞きたくなければ聞かなくてもよい。眠たければ寝てもよい。ただ、わがままはいけない。あたりまえだけど一人にその権利があるんだから他の人たちにもその権利がある。それを大切にしなくちゃいけない」そう言った。……忘れられないのがおじさんの目。口でも言っていたし、目でも言っていた。この人は本当に人のことを思っている。そう感じた。（りょう）

◆私はパイナップルに帽子をかぶせる作業をした。帽子といっても新聞紙をかぶせるということであるが……。休憩の時に私はおばあのとなりにいた。おばあがこっちの方が涼しいよと呼んでくれたから。なるほどたしかにそうだった。そこは風の通り道だったのだ。そして少しおばあの話を聞いた。畑仕事は炎天下ではさすがにきつい。だから太陽の向きに合わせて自分が移動し、効率よく仕事をするのがコツだと言っていた。おじいとおばあは常に自然の動きとともに生きていた。クーラーを使わなくても風の通り道にいれば涼しい。わざわざ太陽の下で作業しなくても、日の当たらないところからすればよいのだ。（さみ）

◆伊江島にあるガマに連れて行ってもらった。そこでは百五十人近くが亡くなったという。そこでおじちゃんがぼそっと「戦争はやっちゃダメだよ」と言った。すっごい説得力があるというか、ぐさっときた。あらたまった様子で「戦争はやってはいけません」と言われるのよりも断然力がこもって、力を感じた。（ぎんぺい）

◆最後の夜、食事をしながらおじさんがいろんな話をしてくれた。自分の話、息子の話、今までに民泊に来た子どもたちの話。そして、話の終わりをこう締めくくった。「俺はいつまでもお前たちの帰りを待ってるからな。高校生になっても、大人になっても、結婚しても、いつでもいいからこの家に帰ってこいよ」僕はみんなに気づかれないようにうつむき、目頭を強くおさえた。（ゆうや）

◆最終日、おばさんが港まで見送りに来てくれた。閉村式が終わっておばさんのところに行くと、おばさんが一人一人を抱きしめてくれた。何かがこみあげてきて涙が出てきた。感謝の気持ちがあったのかもしれない。フェリーから手を振っている時も何度かそんな気持ちに襲われて泣きそうになった。伊江島には絶対また来てみたい。（ちあき）

毎年、別れの場面では涙を流す生徒が大勢います。たった二泊で何が起きたのかと思われるかもしれません。しかし、彼らの言葉がただの言葉で終わっていなかったことは、中学卒業後の彼らを見ていて分かります。翌年に家族でお世話になった民家さんを訪れる生徒がいます。高校卒業、大学合格、就職、人生の節目ごとにお世話になったおじいに報告のメールを入れる卒業生もいます。

先日、友人には本音を言えないという声を生徒から聞きました。こういうことを言う生徒はけっして少数派ではありません。親に気を遣っている生徒もたくさんいます。友人や親と関係が悪いわけではありません。友人や親が嫌いというわけでもありません。全くその逆です。今の関係を維持したい、壊したくないから本音で言えないというのです。何かがおかしいなと感じます。親戚でもなく、すぐに顔を合わす関係でもない大人、たぶん一生会うことがないであろう大人と生活する二日間、胸に秘めていたことを吐き出すことのできる場なのかもしれません。そして、とても重いことでもしっかり受け止めてくれ、それでいて「なんくるないさあ！」

とスイッチを切り替えてくれる沖縄のおじい、おばあとの出会いは彼らにとってかけがえのないものだったように思います。

② 生徒への期待

修学旅行での民家泊の取り組みは、学校と村とで率直に意見交換をし合い、行事を作り上げていく作業でもありました。特に、その後長くお付き合いさせていただいた伊江島の方々とは、我々教員も親戚のように親しくさせていただいています。ＰＴＡバザーでは、島の方を学校に招き、沖縄の物産を販売していただくこともありました。

民家泊が軌道に乗り出した二〇〇八年、修学旅行の責任者となった私は、しおりの巻頭文として生徒に次のようにメッセージを送りました。

沖縄の修学旅行というと、「平和学習」ということがよく言われる。誤解を恐れずに言えば、昔からそのことになにかしら違和感があった。もちろん平和に対してではない。平和であることを本当の意味で希求するとき、たった数時間の事前学習や修学旅行用に設定された体験や見学で「平和」「戦争」といったものを一つの物語としてまとめてしまうことに、ある躊躇があったのだ。とはいえ、何も知らないことは、それ以上にこわいことだ。

初めて私が沖縄の民家を訪れ、村のおじいやおばあ、私と同年代の人たち数人とテーブルを囲み、話に興じたときの熱気は今でも忘れられない。その後も、東村や伊江島の民家に何度かお世話になった。「戦争中のこと」、村の中でも気を遣って話さなければならない「基地問題」、「団塊の世代とその上の世代との価値観のずれ」、「アメリカ人への思い」、「戦後、自分たちのできなかったこと」、「若い世代への期待と連帯」、「村が自立し、活性化するために」。どれもが深い話だった。現実と理想。けっして簡単には答えの出ないようなものばかりだった。それでいて、前向きな明るさがあった。

子どもたちには、たとえ平和を求めるためであっても、安易な物語は与えたくない。安易な分かりやすい物語は、何かの拍子に簡単に反転してしまう。それよりも、すぐに答えは見つからなくとも、たとえ違和感しかそのとき感じなかったとしても、深く考えるためのきっかけをつかめるような出会いの場をつくってあげたい。

はかり知れない戦災を経験した伊江島の民家泊で、彼らはどんな時間を過ごすことになるのだろう。分からないことがあったら、素直に聞いてみることだ。知ったかぶりや、分かった気にならず、そこから考え始めればいいのだと思う。

数年前、『深呼吸の必要』という映画を見た。沖縄の広大なサトウキビ畑を舞台に、それぞれの〝言いたくない事情〟を抱えて集まってきた七人の若者たちの三十五日間を描いた物語である。彼らは、季節限定の〝きびかり隊〟としてやって来るわけだが、想像を絶する陽射しと過酷な単純作業に次第に挫折していく。しかし、島のおばあの素朴さや大自然の中での共同作業を通じて、人としてのかけがえのない何かをつかんでいく。

誰もが楽しめるような種類の映画ではない。大がかりな演出も、ドラマチックな音楽も皆無といって等しい。しかし、私にとってそれは不思議な魅力のある映画だった。最近、沖縄の代名詞のように使われる「癒し」や「ロハス」といった流行の言葉とは対極のものを感じた。彼らは沖縄という「他者」と出会うことで、今まで目をそむけてきた自分自身、今まで逃げてきた現実の問題としだいに向き合おうとし始める。

この学年では、「他者との出会い」ということを言い続けてきた。「授業の中での学び合い」、「奥阿賀民家泊」、学園初の試みとなった五日間の「職場体験」。「卒論の取り組み」もその延長線上にある。国語の授業でも、「他者」や「人間関係」を扱った文章を多く取り上げてきた。「他者」と出会い、「自己」を発見する。簡単なことではない。しかし、その困難さを実感し、素直に認められることこそがもしかしたら大切なのかもしれない。とはいえ、避けて通れない悩みを抱えつつも、一人一人、ここまで着実に成長してきた。そしてこの沖縄修学旅行である。今までの学校行事で一番楽しかったと言える行事にしてほしいと思う。与えられるのを待つのではなく、自ら行動し、楽しさを見つけてほしい。きっと今までの経験が生きてくるだろう。

二学期に入ると、九年生として大きな責任のかかる運動会が待っている。中学校の卒業へ向け、各教科で与えられるハードルを越えていかなければならない。卒業制作や発表会もある。全員の論文の載った卒業論文集も完成させる。それらに全力で取り組むことで素晴らしい卒業式になるのだと思う。そのためにもこの修学旅行で学年としての、さらなるまとまりを。また、きれいごとではない互いの絆を深めてほしいと願っている。

ともあれ、沖縄の海は美しい。食文化も独特なものがある。大いに楽しみたい。そのためにも、エチケットやルールを守り、大人としてのふるまいをしよう。自らをコントロールできる者こそが大きな自由を自分のものにすることができる。楽しさと危険とは紙一重である。集団生活である。十分な注意と人に対する配慮を忘れないでほしい。きっとそれは何倍もの心地よさとなって自分に返ってくるに違いない。　（『修学旅行のしおり』巻頭言）

3 学校をもっと開かれた場所に
―特別授業『この人に会いたい』

明星学園中学校では、社会の一線で活躍する「おとな」をお招きし、特別授業『この人に会いたい』を実施しています。学校がカリキュラムとして決めている企画ではありません。学年の教員や生徒から出てきた声が実現していきます。

「一般の講演会依頼ならお断りしているんです。でも、中学生に求められたのではお断りできません。」笑顔でそう言ってくださった方がいらっしゃいました。「大人相手の講演なら慣れているのですが、中学生に話をするのは初めてなんです。」不安そうな面持ちで来校された方もいらっしゃいました。

そこでは、講師の先生の人生が、貴重な経験が、ご専門の学問が語られます。その方にしかできないお話です。生徒は夢中になって聞いています。どこまで理解できているのかは正直分かりません。しかし、何かが伝わっているのを感じます。

講師の先生に共通しているのは、自分にできることを見つけ、自分の個性を誰かのために活かそうとしている姿です。ただ、ご自身のやるべきことを見つけるきっかけは、けっして幸福な出来事だったとは限りません。広島で被爆したこと。中学校時代に立て続けに家族を失ったこと。チェルノブイリの原発事故の影響で甲状腺がんに苦しんでいる子どもたちの映像を見たこと。
生徒たちには、自分の夢を見つけてほしいと思っています。自分の人生を歩んでほしいと願っています。しかし、自分の思い通りにすべてがいくことなどありません。この先大きな挫折も経験するでしょう。その挫折からどう立ち直るか、いや挫折をばねにどう前へ進むことができるか。それが生きる力だと思うのです。だからこそ、中学生時代にたくさんの本物のおとなに出会ってほしいのです。

講師の先生のお話の中には常に中学生への温かなメッセージが込められています。そこに共通するのは、「自分自身で感じ、自分の頭で考えてみよう。」さらに、「考えているだけではなくて、行動してみよう」ということなのだと思います。「たとえ当初の思い通りにはいかなかったとしても、行動してみることで思いもしなかった展開が生まれてくる、思いもしなかった宝を発見することができるよ」ということです。このような言葉は、中学生だけでなく我々にも勇気を与えてくれます。

授業の後、しばしば講師の先生からこんな感想をいただきます。「生徒の質問にドキッとさせられました。一見幼そうに見えて本質的なことを聞きますね。大人の講演会では、どのような質問が出るのか大体想定できるんです。明星学園の中学生は違いますね。とても面白かったです。」明星学園の教員であることを誇らしく思える瞬間です。と同時に日頃から、本当に本質を見極める力をつける実践ができているのか、改めて身が引き締まる瞬間でもあります。

ここ数年でお呼びしたのは、次のような方々です。

・安田菜津紀さん（フォトジャーナリスト）「写真で伝える仕事」
・菅谷昭さん（元医師、元松本市長）「二一世紀を生きる君たちへの期待」
・アーサー・ビナードさん（詩人）「そこに込められていた深い意味」
・ダグラス・ラミスさん（政治学者）「世界で今起きていること」
・小谷孝子さん（被爆体験証言者）「被爆者の声を聴く」
・佐藤和孝さん（ジャーナリスト）「信念をもって仕事をするということ」
・三輪悟さん（上智大学アジア人材養成センター）
　「カンボジアの世界遺産―アンコール遺跡群を護る」
・保立道久さん（東京大学史料編纂所名誉教授）「地震火山列島の歴史を考える」
・馬場龍一郎さん（カメラマン）「なぜ人は人の写真を撮るんだろう」
・畑口勇人さん（浅川伯教・巧兄弟資料館学芸員）
　「浅川巧の生き方―「共に生きる感覚」とはなにか―」

身近な先輩として本校の卒業生にもお願いし、自分の小中学校時代の話、今の仕事（研究）、なぜその仕事をするようになったのか、在校生に伝えたいことなどを語ってもらいます。ジャンルは以下のようにさまざまです。
・沙央くらまさん（元宝塚歌劇団）「夢を叶える」
・柳亭小痴楽さん（落語家）「落語の授業」
・田島夏子さん（京都大学野生動物センター）「私のイルカ研究」
・高橋佑磨さん（千葉大学助教）「明星とわたし―何がどうなって研究者になったのか―」

もちろん、学校での学びの中心は日々の授業です。特別授業だけで学校は成り立ちません。しかしここで大切なのは、特別授業を企画することが、けっして教科の授業を軽んじていることにはならないということです。むしろなぜ勉強しなければならないかという本質的な問いに向き合うための示唆を多くの生徒は与えてもらっているように感じるのです。今悩んだり葛藤していることが、どのように将来につながっていくのか、そのために何が必要なのか一歩を踏み出す勇気をもらっているように思うのです。

先日、大学受験を前にした高三生が中学の職員室にやってきて、目を輝かせながら自分の夢を語ってくれました。夢がたくさんあってまだ絞り切れていないのが悩みのようでした。それでも最後、「後輩の中学生に『この人に会いたい』で自分を語れるような人になりたい。」そう言って帰っていきました。このような何気ない瞬間に大きな喜びを感じる今日この頃です。

【第Ⅳ部】中三『卒業研究』の実践

私の勤務する明星学園中学校では、一九九六年度より現在に至るまで二十五年以上にわたたって、中学三年生を対象に『卒業研究』に取り組んできました。この間は、試行錯誤の連続でもありました。しかし、校長を含め、学年所属を問わず中学校の教員全員が協力して指導に当たること、一部の生徒ではなく、すべての生徒一人一人に光が当たり、達成感の得られる取り組みを目指すという一点においては、全くぶれずに歩んでこられたのではないかと思います。

自分でテーマを決めて、原稿用紙三十枚以上の『卒業論文』を書くということでスタートした本校の『卒業研究』は、現在、卒業論文を書き一冊の本として製本すること、研究したことをお客さんの前で全員が一人ずつプレゼンテーションを行うこと、この二本の柱で定着しています。

まとまったレポートを書いた経験の少ない生徒にいかに文章を書かせたらよいのか、それぞれの教員は頭を悩ませてきたことでしょう。教科の授業と『卒業研究』をどう結びつけるか、教科サイドとしては常に頭から離れない課題だったのではないかと思います。あるフォーマットを与えれば、ある一定の水準の論文（レポート）ができあがることは理解できます。しかし、多くの生徒が同じような形式で、「全体的には悪くはないし、むしろ良く指導されている感じもするけれど、なんか、面白さがない！　個性がない！」と言われるような取り組みにはしたくないという思いを多くの教員が持っていました。かといって、すべて生徒に任せるなら、一部の個性あふれる作品ができあがる反面、達成感を得られないまま締め切り日を迎えてしまう多数の生徒が出てしまうことになりかねません。

そのような意味で、どこまで生徒に枠を作ってあげるかということは、目の前にいる個々の生徒をどう認識しているかによって変わってきます。それをマニュアル化したときに、大切な何かが抜け落ちてしまう気がするのです。目の前の生徒とつながりながら、試行錯誤することこそが大切なのでしょう。

この章では、「論文の書き方」「プレゼンテーションの仕方」といったことについて多くは述べません。その分野については、多くの文献が用意されています。ここでは、「卒業論文」「プレゼンテーション」の取り組みを、どのような思いで生徒たちに実践しようとしてきたのか、それに対して生徒たちはどのように応え、一人一人のドラマが生まれているのか、評論家でも学者でもない現場の教員の立場から紹介することができればと思います。

1　中学生の『卒業論文』との出会い

私が明星学園中学校の教員になってから十年ほどが過ぎた頃です。卒業生を三回ほど送り出し、国語の教員としても担任の役割も一通り経験し、本来なら自分の力を学校現場で大いに発揮しなければならない世代になっていました。にもかかわらず、どこか私の中にはもやもやしたものが大きくなりつつあるのを感じていたのです。本当にこれでいいのだろうか。

それは端的に言うと、教員である私と生徒との関係であり、また生徒同士の関係性の問題でした。教員の役割とは何だろうか。学校の役割とは何だろうか。本校の教育理念は『個性尊重・自主自立・自由平等』です。自由とは何だろう。自由と平等は果たして両立するものなのだろうか。個性とは教育で育てるものなのか。単なるわがままとはどう違うのか。自立している人間とはどのような人間をさすのか。自主自立と共同性はどのような関係でとらえればいいのか。

私にとって幸福だったのは、このような問題について語る同僚がいたということです。先輩の先生たちも自分の考えを一方的に押し付けることなく、禅問答のような言い回しで、考えるためのヒントになるようなことをつぶやいてくれていたことを記憶しています。実は、性急に答えを求めようとしないそんな雰囲気が、今の私を作ってくれているような気がします。

生徒の保護者の方からもさまざまな質問をもらいました。「国語というのは何を教える教科なのですか」「なぜ国語という教科名なのですか」。けっして授業者である私を責める言い方ではありません。一緒に考えようという姿勢だったのです。まだ経験の乏しい私は、その質問の深い意味については恥ずかしながら理解できていなかったはずです。ただ、それらいくつもの問いかけが四十年近くたった今でも、その時の映像とともに、よみがえってきます。

ある日のこと、私のクラスの女子生徒の生活面の指導のためにお母さんに来てもらい面談をした後のことです。「先生!　うちの娘の良いところはどこですか?」と、にこっと笑った彼女の表情。不意の質問にどぎまぎしてしまい、とっさに何も答えることができなかった自分。ゆっくり考えればいろんな話ができたろうに、そう思っても後の祭りです。今でもその場面を思っては、胸の痛みを感じます。それからです。生徒を厳しく指導しなければならないときこそ、まずその生徒の良い面を意識した上で事に当たるようになりました。

こんなこともありました。保護者会の後、なぜか「先生!　これ読んでみて!」と心理学者アドラーの本を数冊渡してくれたお母さん。どの人も私に性急に答えを求めたり、感想を求めたりはしませんでした。そのためかもしれません。私はそれらの問いを自分の中に持ち続け、常にそれを意識し、考えるようになったのだと思います。

ある時のことです。二人のお母さんが私のところへやって来て、こんなことを言いました。「明星学園の先生たちは、授業の研究を熱心にして、面白い実践をたくさんしているのは分かります。それなのに生徒が活躍するアカデミックな行事ってないですよね。生徒の主体的な行事といえば運動会があるけれど、それだけでいいのでしょうか？」私にはその時、すぐにその場で返答する言葉はありませんでした。でも、それは私自身が一番感じていたことでもあったのです。

その時突然浮かんだのが「中学生の卒業論文」という言葉でした。実は、この言葉を初めて聞いたのは私の高校時代の友人からでした。彼の数年上の学年が中学三年の時、学年全体で取り組んだというのです。今から五十年近く前のことです。論文のテーマ名を聞くと、大学生のそれと見まがうばかりでした。もちろんその時はただそれだけのことでした。ただ、偏差値の高い中高一貫校の中学三年生だからこそそのようなことができるのだろうと一種の羨望を交えながら思っていただけです。それが十数年たったその時よみがえってきたというのは不思議なことでした。

本校の場合は、小中高一貫校でありながら進学実績で生徒を集めるような学校ではありません。受験のための勉強ではなく、一人一人の生徒の成長にとって何が必要かを本質的に考えていこうとする学校です。偏差値の輪切りではない多様な生徒が存在しています。それでいて私自身、学校の理想とするところと現実のはざまで悩んでいる時でもありました。二人のお母さんからの質問を受けた時、この生徒たちにこそ卒業論文の取り組みが必要なのではないのかと感じたのです。もちろん、何をどうすればこの取り組みができるのかそのノウハウも自信もありませんでした。このアイデアを同僚に話すまで一年半ほどかかってしまいました。

なぜ彼らにこの取り組みをさせたいと思ったのか、それは彼らの日常を見ていてのことでした。ほとんどの生徒が内部進学する明星学園において、中学校三年生での特別な受験勉強というものは必要ありません。公立中学校の生徒にくらべて、自分の時間はたっぷりあるはずです。クラブ活動に熱心な生徒もいました。夢をもって、習い事に打ち込んでいる生徒もいました。しかしその一方で、せっかくの時間を持て余しているように見えた生徒も少なからずいました。下校時間ぎりぎりまで何の目的もなく過ごしている。もちろん私はおしゃべりが無駄だという気持ちは全くありません。むしろ中学校時代、一見無駄に思えるような時間の必要性を感じます。

ただ、彼らの様子を見るにつけ、本当にそれが楽しいのかな？　本音で語り合っているのかな？と思うことがしばしばあったのです。それでいて、その一人一人の中には興味関心やこだわりがしっかりあり、テストの成績の良し悪しとは関係なく、豊かな可能性のようなものを感じていたのも事実です。ただ、総じて自信がない。心に秘めているだけで学校では話していない特技のようなものもある。なんてもったいないのだろうと思いました。日常の会話を超えて、

「自分はこういうことが好きなんだ。」「私は昔からこういうことにずっと疑問を持ってきたんだけど、どう思う?」「みんな当たり前にしていることだけど、よく考えるとおかしくない?」「なぜ……なんだろう?」そんな言葉が生徒同士の間で、生徒と教員の関係の中で飛び交うようになったなら、なんて素敵だろうと思いました。そして、生徒への働きかけさえうまくできれば明星なら絶対にできるだろうとも確信したのです。

2 中学生の『卒業論文』を提案

一九九六年三月、大月の嵯峨塩鉱泉に新九年生（中三）スタッフが集まりました。中学校の最終学年をどう過ごさせるか、泊まりがけで学年の構想を練るためです。前年度の学年主任が退職したために、急遽初めての学年主任となった私は、学年スタッフに呼びかけ、七人全員が集まりました。そこで話し合われたテーマの一本の柱が『卒業論文』への取り組みでした。

明星の授業は一時間の授業を大切にする。しかし、目指すものは一時間の中で完結するわけではない。それぞれの教科の授業実践の先にある子どもたちの姿について語り合いました。自分の興味あること、疑問に思うことを他者に語りかけ、さらに自分の考えを文章にまとめる。そうすることで他者と深くつながってほしい。本当の意味の「自由」というものはこのようなプロセスをとおして獲得できるのではないか。学年全員の賛同を得て、この取り組みは始まりました。

生徒に要求したのは次の四点のみです。

・自分の興味、関心のあるものの中から研究テーマを見つけ、三人以上の先生にその思いを語り、研究テーマとしてふさわしいかどうか、アドバイスをもらう。

・全員が原稿用紙三十枚以上の論文を期日までに書き、冊子としてまとめる。
・「なぜそのテーマを選んだのか」（まえがき）と「卒論を書き終えての感想」（あとがき）を自分の言葉で読者に伝わるようにしっかり書く。
・自分の文章と他の研究論文の引用をはっきり区別し、参考文献を正確に記す。

生徒からは次のようなテーマが提出されました。

アメリカの黒人差別／宗教の差別について／グレン・グールドについて／ウイルスとは何か／水の神秘／ピーテル・ブリューゲルについて／兵馬俑について／江戸から学ぶこと／演劇の発生と本質／オーパーツと謎の遺跡／連立政権について／「自由」が持つ意味／グリム童話の残酷性について／自分の考えは幼いか？／孫子の兵法について／シカン文明について／いじめと心理／悪魔崇拝と犠牲／光源氏をめぐる女性たち／第二次世界大戦時のプロペラ飛行機・・・

そこには我々の予想をはるかに超える興味、関心の広がりがありました。休み時間の生徒同士の会話にも変化が見られました。職員室に一人で相談に来る生徒の姿も日常の風景になりました。文章を書く力をつけさせることがこの取り組みの趣旨ではない。いかに教師が良き聞き手であるかが問われました。

問題は百六十人の生徒にどのように書かせ、冊子として完成させるかでした。中学校部会では反対意見も多く出されました。「まずは、授業を大切にしないといけない」「自分の好きなことをやればいいというのはどうか?」「そんなものは、卒業論文とは言えない」。しかし、全員がこの学年の取り組みを尊重してくれました。中学校のすべての教師が卒論の担当教師として数名ずつ生徒を見てくれることになったのです。印刷は国分寺の鳥塚印刷にお願いしました。ページ数がどれくらいになるのかも分からない。見積もりの取りようもない状態でした。そんな中、この取り組みに賛同してくれた鳥塚氏は親身に相談にのってくれ、一つ一つ形になっていったのです。できあがった原稿を送るたびに、鳥塚氏からは具体的な感想が返ってきました。彼は最初の良き読者であってくれたのです。

一九九七年二月三日、ついに九年生(中三)全員の論文が載った『卒業論文集』ができあがりました。クラスごとに四分冊、総計二六三〇ページ、厚さにすると十三センチメートルを超える大作です。責任者であった私は『卒業論文集』の最初のページに「卒業論文集に寄せて」と題し、次のように書きました。

一つの論文を書くということは、けっして容易なことではない。もし締め切り日というものがなかったら永遠に書き終わらないものなのかもしれない。文章を書くことで新たな疑問が生まれてくる。自分の考えの浅さが露呈する。自分自身と否が応でも向き合わざるを得ない。しかし、どこかで折り合いをつけ、決着をつける。そこに現在の自分が表明され、そこにこそ新たな可能性が潜んでいる。

中学校を卒業しようとする今、君たちは僕たちが差し出したこの困難な課題に対し、それぞれの解答を全員が提出した。正直、期待以上のものである。

なかには、あまりに難しいテーマを選んでしまい、途中で投げ出してしまいそうになった人もいただろう。また、自分の思っていることの半分も表現できず、悔しい思いをしている人もいるかもしれない。しかし、この論文執筆にかけた時間、悪戦苦闘の経験は何ものにもかえられない、君たちの財産である。そのことをこそ誇りにしてほしい。

君たちは、これからも自分の道を切り拓いていくことだろう。人生にはいくつかの節目がある。人はそこで過去の自分と決別し、別個の世界へ入っていく。そんなとき、もう一度この論文集を手にしてほしい。きっとこの四冊の分厚い冊子が、ただの記念文集ではなかったことに気づくにちがいない……。(『一九九六年度卒業論文集九年一組』卒業論文集に寄せて)

論文集の完成した後、鳥塚氏から次のような提言がありました。「ここまでやったのだから、父母から感想をもらったらどうだろうか。幸い、表紙に使った紙が余っている。費用をかけずに、それをまとめた小冊子を作ることができる。」お言葉に甘えました。卒業式当日の呼びかけだったにもかかわらず、二十二名の父母の方から直接、あるいは封書で感想をいただきました。ここでは、その一部を紹介させていただきます。

◇脱帽。子供がいつの間にか自立していたようです。卒業論文を書くということを聞き、我が息子に限って言えば、どうせろくに調べもせず、文の大半を引用で埋める程度のものを提出するくらいに思っておりました。論文集を手にし、その量には先ず驚きましたが、さしたる期待もせず、パラパラとめくっておりましたが、あれあれ、おやおや、何だこれはという次第です。彼等彼女等が自分自身で考え、自分の言葉で表現しているではありませんか。子供に対する認識の甘さを痛感し、親の子離れを促されている様に感じました。（Yくん父）

◇論文をみて、まず驚かされるのは、その選ばれたテーマの多様さである。身近な事柄からスポーツ、旅行、異国、科学、音楽、未来etc.……。生徒の数だけさまざまなテーマが選ばれている。一人一人が十五歳という大人への橋を渡りはじめた今の、最も興味のあるものや体験や夢が、背伸びをしたり、稚拙だったり、素直だったり、と生徒一人一人の性格と個性が行間から感じ取られる。おそらく十五歳の彼らは、やっと親の庇護から抜け出し、自分なりの生き方や考え方、そして社会や他者への接し方を形作ろうとしている門口にいるにちがいない。その世代の節目の時に、自らの心に刻まれた事柄や、興味を持った事柄について彼等なりに書籍や資料にあたって掘り下げ、一万語に近い言葉を論としてまとめあげたことは、これからの彼らにとって大変意義深いことのように思う。体験が経験に昇華し、夢に若干の現実が加わり、興味にそれなりの知識の援護がもたらされるに違いないと思われるからだ。卒業論文は壮挙であると思うが、それ以上に課題が生徒一人一人に委ねられた自由課題であったことと、その自由課題という困難さと一人の脱落者も出さずに生徒に応えさせた先生方のご努力と、それを支える学園の気風に心よりお礼を申し上げたい。そして生徒一人一人の努力に拍手を贈りたいと思う。(Iくん母)

また、この年明星に講演に来られた当時東京都立大学総長であった山住正巳氏から、次のような言葉をいただきました。「子どもたちの選ぶテーマが面白いね。本当に発想が豊かだ。一セット、総長室におかせてくれないかな。学生と面談をする時に使わせてほしい。」ありがたい言葉でした。

翌年の新中三生スタッフの中でも、その実施に当たっては賛否が半ばしたようです。「卒業論文の前にやらなければならないことがある」「指導の方法がない」「論文という名称がおかしい」「趣旨は分かるが、論文にこだわることはないのではないか。」しかし、学年担当者の熱意もあり前年度と同様の取り組みを行うことが職員会議の中で決定しました。

以後、九年生（中三）では実施形態は当該学年に任されているものの、「卒業研究」をとおして中学校の教員全員がそこにかかわることが確認されました。ただし、年により目標、ねらい、形態はまちまちでした。模索の時期です。ただ、どの教員も生徒の可能性を開こうとしていたことはたしかです。目の前にいる生徒の姿をどうとらえるか。教科の授業との連携をいかに考えるか。教員個々の教育観、生徒を観る眼が問われます。なかなか一致はしません。にもかかわらず、『卒業研究』に取り組むという一点においては一致しました。教員にとっても、自由が与えられていました。試行錯誤できる主体性を持つことができました。だからこそだと思うのです。生徒の成長する姿、たくさんのドラマを見ることができました。

3　早稲田中学校の実践から学ぶ

―「中学生の『卒業論文』をめぐる論争」

この実践を実現するに当たり、参考にさせていただいたのは早稲田中学校（新宿区）の取り組みでした。私が初めて「中学生の卒業論文」という言葉に出会った、あの学校です。研究テーマを複数の教員に相談しながら絞らせていくことや中間報告の持ち方など細部にわたる実施要項が早稲田中学・高等学校の紀要『早稲田―研究と実践―』創刊号（一九七一年）に報告されていました。何度か私も早稲田中学校に足を運び、貴重な資料をいただくとともに、学校全体として取り組むことについての困難さを含めた当時のお話をうかがうことができました。中学生に論文を書かせる学校というのは、まだまだ少ない時代でした。

前掲の紀要の中で私は、早稲田中の三年学年主任（担任）会が奇しくも私たちと同じ大月、嵯峨塩鉱泉で学年初めの合宿研究会を持ち、卒業論文を書かせるという取り組みが提案されたのを知ります。もう一つ、驚きがありました。この早稲田中の実践について当時明星学園小・中学校の教頭であった無着成恭氏の否定的な意見が紹介されていたのです。この試みの実質的な牽引者であり、報告者でもある国語科の小山荘司氏は、「『卒業論文』というやや誇張のひびきをもつ名称や、われわれの意図に反して新聞、テレビ等ジャーナリズムのメディアに媒介された独特の印象のために、若干真意を誤解された面があることは否定できない」としながらも、無着氏の意見を紹介しています。明星学園内での否定的な意見もおおむね氏の意見に通じているところがあるように感じました。そこで多少長くなりますが引用することにします。

《テレビに出演した折、アドバイザーとして出席していた無着成恭氏が、最後に「中学生の書いたこのような〝卒業論文〟—これは（言葉の真の意味での）論文ではありません」というような意味のことを述べ、時間切れのため反論や突っ込んだ討論の場が持てず、大変残念であったことを思い出す。

最近の無着氏の発言から推し測ると、このとき氏が言いたかったのは、次のようなことではないかと想像される。「戦後は生活単元学習などが提唱され、生徒の即自的な興味や生活経験から出発して問題を追究していく方式が盛んだった。その中で、教師の情熱や努力によって、確かに生徒等の自由な想像力・創造性は開花されたが、真の科学的精神は定着しなかったのではないか。今日必要な教育はいたずらに大きなテーマに向かって想像力を振り回させるより、生徒の発達段階にふさわしい、より基礎的な科学の原理・法則性を一つ一つ体系的に教えていくことではないか—」。

むろん、われわれもまた、生徒等の「卒業論文」を、その結果としての作品（論文）自体の価値において評価しているわけではなく、既に、何度も述べたような目的意識をもって、生徒等が一つのテーマに自己をぶつけ、知識の体系の森の大きさに迷いつつも自己発見と自己変革をくりかえす、人間形成の具体的過程（プロセス）そのものにこそ評価の重点を置いていたのだが、この点については討論の機会を失ってしまった。》

（前掲紀要「中三卒業論文の試み—その評価をめぐって」小山荘司）

ここに紹介されている小山氏と無着氏（小山氏の想像する）の一見対立する二つの意見は、実は教育を語る上で最も重要な二本の柱であると私は考えています。教科教育の基本は、たしかに「基礎的な科学の原理・法則性を一つ一つ体系的に教えていく」ところにあると私は思います。生徒の発達段階に応じて、どのような課題系列を作るか、どのような学習材を準備し、共同で思考する際に共通の武器となるシェーマ（構造を内在した図式）を用意できるか。仮説・議論・実験・検証……。一つの課題を学ぶことが更なる次の課題へとつながっていく授業の流れ。子どもは、いや人間というものは時代の空気に流されやすいものです。何が正しいことなのか、だれを信じればいいのか、自分の頭で考えているようで、知らず知らずのうちにその時代の、その場の空気に同調していきます。「科学的に」ものを観る眼を育てることは、ますますこれからの時代にも必要性を増していくことでしょう。

しかし、それだけで十分であると考えるのはあまりに理想主義的であるようにも思います。目の前にいる生徒を見る時、彼らが必要としているものが「目的意識をもって、生徒等が一つのテーマに自己をぶつけ、知識の体系の森の大きさに迷いつつも自己発見と自己変革をくりかえす、人間形成の具体的過程（プロセス）そのもの」にあることを一方で強く感じます。おそらく無着氏もそのようなことは人一倍感じていたはずです。にもかかわらず、マスコミの切り取りは分かりやすい二項対立を求め、人はその関係性の中で語ってしまいます。

前者と後者、どちらが正しいかといった問題では無論ありません。教員にとって大切なことは、この二つの視点を持っていることだと思うのです。二つの視点を持った上で、今不足しているのはどの部分なのかを感じる感性、そのことを意識して、目の前にある取り組みの目標をどこに置くのかを決めることです。

両者の考えを浅くとらえるとき、分かりやすい対立の構図が浮かび上がってきてしまいます。「それでは、教師中心の授業になるじゃないですか。生徒が積極的に意見を言っていても、所詮教師に動かされているだけですよね？」「目の前の課題を考えているだけで、それが何の役に立つのか、何のために勉強しているのか生徒には見えてこないですよね。それで主体性というものは育つのですか？」

別の立場の人は逆にこんな質問を投げかけるでしょう。「それで力はつくのですか？　勉強した気になっているだけなのではないですか？　義務教育の時代には全員が学ばなければならないことがあるはずです。そもそも、学校で学ぶ意味は何ですか？」

これらが表面だけの批判であることはご理解いただけるでしょう。不十分な実践を互いに批判すればこのようなことになります。本当はどちらが正しいかではなく、生徒にとってはどちらも必要だと思うのです。

小山氏が「時間切れのため反論や突っ込んだ討論の場が持てず、大変残念であった」と感想を述べておられるのは、全くその通りだと思います。表面的な部分ではなく、生徒の成長や認識という観点から、深く議論を掘り下げていくとき、必ず共通理解する地点へと降りていくことができると思うのです。


しかし、教育論というものは、いかに提唱者が深い思考を重ねていても、それが広がっていくうちに二項対立的な議論へと矮小化されていきます。分かりやすい議論はマスコミにも取り上げられ、一般の人たちの話題にもなっていきます。経験主義か系統主義かという問題もそうです。浅い意味の「経験主義」と同じく浅い意味の「系統主義」は互いに、いくらでも批判の言葉を述べ立てられるでしょう。

あれだけ持ち上げられた「ゆとり教育」が学力低下を招いたということで、短期間のうちに否定されていったのも同じことです。マスコミに取り上げられ、評論家が分かりやすい切り口で発言します。賛成か、反対かを分かりやすい資料を用いて説明します。その資料がたしかなものか、分析の仕方におかしなところがないかは問われません。世論が形作られ、教育政策にも影響を及ぼします。あるいは、先行する教育政策に表面的で分かりやすい部分において追随する解説が生まれます。国の教育政策が変更され、検定教科書が改訂されるたびに、教育現場は右往左往させられます。

そもそも、「分かりやすい」という言葉は曲者です。本当に大事なことはそれほど単純ではありません。学力とは何を指すのでしょうか？　教えたことをどう評価することができるのでしょうか？　中学生にどのような力をつけ、どんな大人になってほしいと願っているのでしょうか？　もちろん、これが正解といった答えのある問題ではありませんし、それを押し付けられるようなことはとんでもないことです。

しかし、その一つの正解のない問いに対して、一人一人が誠実に考え続けることこそが大切だと思うのです。そして、考える前提となるのが学校での日々の実践であり、目の前にいる生徒の姿なのです。さきほど本当に大事なことはそれほど単純ではないと言いましたが、このような意味で使うならとても単純なことだと言い直すこともできます。どんな立派な教育学者や教育評論家の先生方も現場の先生以上に現場を見ることはできません。現場の教員は彼らの主張に真摯に耳を傾けつつも、自らの感性、生徒を観る眼を鍛え、自ら考えるべきだと思うのです。

4　なぜ中学生に『卒業論文』か？

卒業研究の取り組みが始まり十年を超えた二〇〇八年、学年の独自性とは別に、もっと大きな共通の目標を提示したく、次のような資料を生徒、教師全員に配付することにしました。

【『卒業論文』の執筆に向けて（2008.5.7）】

今年度の九年生（中三）には、「全員が原稿用紙二十枚程度の卒業論文を書く」という年間課題を提示する。自分の興味・関心のあることをより深く掘り下げ、あるいはふだんから疑問に思っていたことを調べ上げ、自分の考えをまとめていくわけだ。たやすい作業ではない。

本来、卒業論文とは、ある分野を専門的に学んだ大学生が自ら研究テーマを考え、担当の教授の指導のもとに書きあげるものをさす。義務教育の最終段階で君たちに挑戦してもらう『卒業論文』とは、おのずと目的は異なる。

では、なぜ九年生の時期に『卒業論文』を課すのか。まずはじめに、その目標とするところをここで確認しておきたい。

①「なぜ?」という疑問を大切にしてほしい

意味のある、大切な「疑問」というのは、自分の頭で必死に考えようとする人のもとに降りてくるものだと思う。テストの点数さえよければいいと考える人の頭ではない。深く考え、ある一つのことが分かったと思ったとき、また別の、もっと大きな疑問が浮かび上がってくる。人の意見を聞きたいと思う。参考になる本を読んでみたいとも思う。いろいろなものが、しだいにつながり広がっていく。とても楽しい営みである。

日常の授業の中に、あるいはその延長線上にそういう世界を求めたいと私は思うし、君たちにも求めてほしいと思っている。そのような意味で、「自分の感じた疑問を選び出し、テーマに決める」それ自体が一つの目標になりうると私は思う。ただ、あくまでもそれは疑問という名の小さな種でしかない。

もちろん、この半年でその種に花を咲かせよなどという大それたことを言いたいわけではない。それは研究者が多くの努力と時間をかけてなしていくことだろう。現実の社会や、自然科学、人間をとりまくあらゆるものに対して、「なぜそうなのか?」「本当にそれでいいのか?」という疑問を持ってほしいと思うのだ。そのことで、一面的に見えていた物事や現象が多層的で、多面的なものになってくる。

ならば、疑問の種を、中身のしっかり詰まった重みのある種にしてほしい。そのためには、実際に期限内に書きあげるということが絶対に必要なのだ。「もっと時間があれば……」だれもが言う言いわけである。たしかにそうだろう。しかし、理想は常に現実の先にある。自分にとって不満足な出来栄えであったとしても、期限を決めて書くことで、当初の疑問は磨かれていく。思いつきであったかもしれない「疑問」を本ものの疑問に磨き上げていってほしいと思う。そして、ただ一つの答えの見つからないかもしれない大切な疑問の種を持って、中学校を卒業していってほしいと思う。

② 〝授業〟の延長線上に

日常の授業の中では、どの教科においても学習材（教材）が用意され、課題が与えられる。自らの考え（仮説・予想・初発の読み…）を持ち、他の人の考えと交流しあい、また一方で先生から必要な知識が与えられる中で結果を導き出し、あることがらを理解していく。あるいは、自分の読みを深めていく。

これは一つの〝学び〟のスタイルである。授業以外の日常の中においても適用できるものである。もちろん「疑問」という名の課題は自分で見つけなければならないが、学び方を知ることはすべての教科共通の目的でもある。

自分の考えなしに正解のみを人から求めようとするなら、何の疑問も葛藤も生まれない。何のためらいも躊躇もなくそれを受け入れてしまえばたしかに小テストの点数は上がるかもしれない。でも、それは本当の〝学び〟ではない。複雑な現代社会の中にあって、それでは時代や人の流れに身をまかせることしかできないし、何より、自分がどこに進んでいるのかも見えなくなってしまう。

逆に自分の狭い考えにとらわれすぎ、他人の意見に聞く耳を持たないなら、たとえそれが一面正当性のある意見だったとしても他の人にうまく伝えることはできないし、その考えを深めるには至らない。

自分の考えを深めるには、自分とは違う人（他者）の存在が是非とも必要なのだ。今回の『卒業論文』では、そのことを実践してほしい。疑問はいろいろな人に投げかけてみるといい。先生だけでなく、学校の仲間や家族や、そのほかだれにでも。そして、授業の中の先生の役割をしてくれるのが書物（参考文献）だ。知識を得なければ、自分の頭で考えることもできない。また、さまざまな参考文献は異なる意見を言い合うクラスの仲間でもある。星の数ほどある参考文献の中から、良き教師を、そして君の意見とは違うことを言ったり、君の意見を支えてくれもする複数のクラスの仲間を見つけてほしい。学校図書室だけでなく地元の図書館も大いに利用し、司書のかたがたにも協力を求めよう。

③「他者と出会う」ことから「他者に伝える」ことへ

八年生（中二）の夏季行事では、奥阿賀で民家泊をした。東京とは環境の違う農村で、しかも初対面の人のお宅に二泊お世話になった。日常とは異なる場所で、だからこそある戸惑いを感じつつも、民家の人の素朴な人柄に触れ、自分自身を、あるいは自分の置かれている環境を見つめなおすきっかけになった人も多かったように思う。

十一月には職場体験があった。民家泊とは違い、お客さんではいられない。中学生であったとしても、その五日間はたしかに「職場の人間」にならなければいけなかった。「ふだんの自分」では通用しない。そもそも「ふだんの自分」とは？　はたしてそれは「本当の自分」なのか？　職場体験で自分の新しい面を見つけたという声を何人もから聞いた。自分を知るためには、自分とは違う人（他者）の存在が是非とも必要なのだ。

そして『卒論』執筆である。今度は自分の考えを文章としてまとめ、他者に伝えるのである。これが三番目の目標だ。そのために、今回は全員の文章を印刷製本する。当然読者は不特定多数を想定しなければいけない。四階の九年生の各教室には十年以上前の九年生が書いた『卒業論文集』が置いてある。彼らは自分の書いた文章が十年以上後輩の九年生に読まれ、参考にしてもらえることなどこれっぽっちも考えてはいなかっただろう。でも、文章にして残すということはそういうことである。君のことを全く知らない人に読んでもらうことを想定しなくてはいけない。

「自分とは関係ない人のことなんか知らねえ」と言わないでほしい。他者を意識することが、自分の考えを深めるためのアクセル代わりになってくれる。そして何よりも「自分とは関係ない」と思っていた人に伝わったときほど嬉しいことはないのだ。

相手は、君の選んだテーマに興味を持っていないかもしれない。いや、持っていないと考えた方が賢明だ。知識だって、論文を書く君に比べ、はるかに少ない読者は多いだろう。そのテーマの持つ面白さに気づいていないのだ。そんな相手にどうすれば興味を持って読んでもらえるか。最初の数行を読んだだけでパスされないためには、どんな書き出しをすればよいか。内容がいかに素晴らしくても、読者を馬鹿にしたような書き方をすれば、たぶん読んではもらえないだろう。世の中には上には上がいる。すごい研究者がいることも知らずに偉そうなことを言うのはある意味、恥ずかしいことだ。どうすれば年下の人にも分かりやすく伝えられるか。そこが腕の見せ所だ。

『論文』を書いていく途中では、担当の先生が最良の他者になってくれるはずだ。「何を伝えたいの？」「言葉が難しくて、よく分からない。」「これ、本当に自分の考え？　他人事のような書き方だ。だれかの文章を持ってきただけなんじゃないの？」「ありきたりな考えで、つまらない。」　先生は助言はしてくれても、代わりに文章を作ってくれるわけではない。さまざまな注文がくるだろう。それに、いかに応えていくかが求められる。そのためにも自分から働きかけなければいけない。授業の中での〈先生―生徒〉の関係とは違うのだ。もしかしたら、ある意味逆の関係になるのかもしれない。

④一対一で向き合える関係を（「みんな」から「一人の自分」へ）

重松清の短編集『きみの友だち』の中に、次のような一節がある。《そういう子（引用者注：嫌な子）はいつだって「みんな」の中に隠れて、にやにや笑っているのだ。／きみ（前同：恵美）は「みんな」を信じないし、頼らない。一人ひとりの子は悪くない。でも、その子が「みんな」の中にいるかぎり、きみは笑顔を向けない。》

君たちには、場の空気に合わせ、「みんな」から外れないようにふるまう輪郭のない個人ではなく、欠点がたくさんあろうと（人間なんだから当たり前だ）、かけがえのない一人の個人になってほしいと思う。その時はじめて、ただの群れ（一見、仲の良いグループに見えるかもしれないが）ではない、本当の意味での人と人との関係を築いていくことができるのだと思う。頭ではわかっても、実際はとても勇気のいる難しいことだということは分かっている。自分のことを振り返ってみても、偉そうなことは言えない。だからこそ、全員の目標としてこのことを挙げたい。

先日のロングホームルームで、論文のテーマになりそうな興味、関心ごとをクラスごとに発表してもらった。学校での多くの時間を一緒に過ごしている人でも、改めてそんなことを考えていたのかと新鮮な驚きをもった人もいたのではないだろうか。でも、そこから対話が始まる。そんな小さなことが大切なのだ。本当に大切な友だちであるなら、その人が頑張って書こうとしているものにも興味があるはずだ。話を合わせてあげるのではない。全く逆だ。良き他者であってほしいのだ。感じ方は絶対に違う。だからこそ意味がある。論文執筆は、個人の作業であって個人の作業ではない。そのプロセスには、さまざまな他者との出会いがある。ただ、「みんな」の中の自分でいる限り他者とは出会えない。だからこそ完成した文章だけではなく、その途中経過についてもできるかぎりみんなの目につく所に掲示していきたいと思っている。理解してほしい。

また、担当する先生にとってもそんな生徒と語り合うことは楽しいことなのだ。良い時間を作ってほしい。良い空間を作ってほしい。くれぐれも「みんな」で相談に行くことのないように。休み時間や放課後の教室や職員室でそんなやり取りがあちこちから聞こえてくるなら、どんなに素敵なことかと思う。

〔二〇〇八年度　九年生　卒業研究〕

生徒全員が、自分のテーマにそって、原稿用紙二十枚程度の文章を書き上げる。書き上げたものはすべて印刷し、冊子としてまとめる。その中から数編を選び、学年末に下級生、父母、同級生を対象に、プレゼンテーション（発表会）を持つ。

〔担当の先生について〕

九年生百二十七人一人一人に、担当の先生がついてくれます。担当してくれるのは、一覧表にある中学校のすべての先生です。三人の先生（必ず他学年の先生を含む）から『卒論』のテーマとして見通しがもてるかどうかを判断してもらい、良ければ「卒論相談カード」にOKのサインをもらってください。原則として、サインをくれた先生の中から担当を選びます。サインをもらう前にいろんな先生と話してみることができれば本当は一番いいと思います。チャンスを作ってみてください。ただ、どんな先生であっても八人を超えて持つことは困難です。できるかぎり、他学年の先生にもお願いしましょう。提出期限を過ぎてしまった場合は、当然希望通りにならない可能性が高くなってしまいます。

サインをもらうためには、事前に書いてもらった「なぜそのテーマを選んだのか？」の文章と、何よりもやる気を見せなければいけません。もし不十分であれば、あっさりと「サインできない」と言われるでしょう。そこで引っ込んでしまっては意味がありません。なぜ無理なのか、それを知ることが一番の勉強です。そもそも、だれにでもサインする人よりも、なぜダメなのかきちんと説明してくれる人のほうが熱心に面倒を見てくれたりもします。言われたことに納得がいくなら再考し、もう一度お願いに行くくらいの気概が必要です。

ただ先生たちは、みんなも知っているように、なかなか時間がとれません。相手の都合も考えず自分の要望を言うだけでは、うまい関係は作れません。これは授業とは違います。お願いして担当してもらうわけです。特に、初めて話をする先生に対しては、「卒論のことで相談したいのですが、少しお時間をいただけますか？」「何時にうかがえばいいですか？」といった言葉からすべては始まるのだと思います。

〔卒論ノートについて〕

卒論用のノートを全員に配付します。まず、今日配付した資料はすべてノートにはってください。これからも適宜プリントを出していきますが、こまめに整理していってください。また、担当の先生との打ち合わせ内容もメモしていきましょう。当然、初めに書いた「なぜそのテーマを選んだのか？」の文章も重要なものです。

また、論文を書いていく過程で役に立ちそうだと思った参考文献は必ず書名・著者名・出版社名を記録しておいてください。後でもう一度調べなおそうと思ったとき大変助かります。それにできあがった論文の最後には参考にしたすべての文献のリストを載せてもらいます。今からそのつもりでいてください。

本当に重要だと感じる資料はコピーしてはっておいてもいいでしょう。もちろん下書きはこまめに書き、担当の先生に読んでもらいましょう。その他、自由にこのノートを活用してみてください。もしかすると印刷された文章よりもずっと思い入れの強いものになるかもしれません。

この年、九年生（中三）全員の論文の載った論文集が完成し、他薦自薦により選ばれた十二人の九年生が「七年生（中一）向け」「八年生（中二）向け」「父母・九年生向け」と三回、パワーポイントを用いてのプレゼンテーションをいちょうのホールで行いました。

5 『卒業論文』から生徒全員の『プレゼンテーション』へ

全員が『卒業論文』を書くという取り組みは、形の上では順調に進んでいきました。しかし、一つ大きな問題を感じていました。それは論文執筆後の『プレゼンテーション』についてです。プレゼンを行う他薦自薦により選ばれた十数人の生徒を見るにつけ、他の生徒にも同じ経験をさせてあげたいと強く思っていました。あの緊張感こそが人を成長させるのだと感じます。そもそも学年の中から特定の生徒を選ぶことはできません。限られた時間内での発表。もっと説明したいという気持ちは、私の論文を読んでほしいという気持ちに変わります。反応してくれる他者が目の前にいるわけです。恐ろしいことです。でも、本当は嬉しいことです。『卒業論文』を書いたこととの意味を感じることのできる時間であり、場になっていたのです。論文としての良し悪しではなく、伝えたい中身があれば絶対にできる、これこそが全員に要求すべきことでした。

論文も素晴らしく、プレゼンも優れている。このような生徒は毎年ある一定数はいます。どこの学校でもそうでしょう。でも、中には文章が極端に書けない生徒もいます。だからと言ってその生徒に、人に自分の思いを伝えたいという気持ちがないわけではないのです。むしろそんな生徒にこそ発表する場を作ってあげたい、そんな気持ちが強くなっていきました。

その女子生徒は、もともと文字を書くというそれ自体に大変な苦労を持っていました。しかし、ファッションに強い関心があり、色彩感覚にも独特な感性を持っていました。もちろん、論文としての体裁を整えることはできません。それでも、お母さんと一緒に原宿に出かけ、道行く人のファッションを調査したり、いくつかの店舗で聞き取り調査などを行いました。私は彼女の指導を担当していたのですが、写真の選定などで授業中には見せない彼女の強いこだわりを感じることができました。

プレゼン当日一日目のことです。下級生を前に、たどたどしくもパワーポイントを使いながらなんとか発表をやり遂げました。前日、打ち合わせをしていたのですが、発表原稿をきちんと自分で書くことはできません。それにしては、合格です。私もほっとしたのを覚えています。翌日は、保護者一般向けのプレゼンです。一般の方を前に、顔を上げることができず、発表原稿に目をやりながらプレゼンする生徒が多い中、なんと彼女はお客さんとスクリーンを交互に見ながら堂々と発表を行っているのです。目を見張りました。発表が終わり、司会者が言いました。「質問や感想のある方いますか?」するとあるお母さんが手を挙げました。「あなたの発表を聞いて、ファッションにものすごく関心があることが伝わってきたわ。あなた、将来こういう道に進みたいの?」「はい!」間髪を入れず、彼女の力強い返事が教室に響きました。次の瞬間、お客さんから拍手が湧きおこりました。教室半分の発表場所です。たくさんのお客さんがそこにいたわけでもありません。でも、彼女の力強い返事とまっすぐ前を見る表情は今でも私の脳裏に焼きついています。彼女はその後、希望通りファッション関係の専門学校へ進学していきました。

二〇一一年、この年全員の論文の載った論文集を刊行、同時に各自一冊の自分の本を製本することができました。また、十二月には全員が十七のブース（一つの教室をパーテーションで二つに分け）に分かれ、一人一人お客さんを前にプレゼンテーションを行いました。この年の研究発表会は下級生向けだけではなく、父母・一般の方に見ていただく日を設け、小学校や学外を含め広く発信をすることにしました。卒業研究が学年としてではなく、中学校全体として生徒の姿を見ていただくための取り組みとなった最初の年になったわけです。

この年責任者となった私は『二〇一一年度卒業論文集』の巻頭に次のように記しました。

ここに『二〇一一年度卒業論文集』として、今年度の卒業研究の生徒の取り組みを一冊にまとめることができました。私自身、感慨深いものがあります。それはたぶん一つ一つの論文を読むだけでは見えてこないものなのかもしれません。

それぞれの論文には完成するまでの背景があり、ドラマがあります。けっして本人にとって順調にいったものばかりではないでしょう。なかなか自分のテーマが決まらなかった生徒、先生に相談カードを持って自分の思いを伝える段になっても、学年以外の先生に声をかけられない生徒がどれほど多かったことか。せっかく自分でテーマを決めたのに、参考文献として選んだ専門書の前に身動きの取れなくなってしまった生徒も数多くいたはずです。それ以前にそもそも自分が何を考えようとしていたのか、方向性が途中で分からなくなってしまった生徒もいました。

初めて彼らの活動の全体像が見え始めたのは明星祭での中間報告会でした。限られた人数で、それも窓の外から大きな音が響いてくるという過酷な環境の中でのプレゼンでしたが、コメンテーターの先生方からアドバイスや賛辞の言葉をもらい、発表者の眼はキラキラと輝いていました。それから三週間後、中学校のすべての先生方に協力してもらい、すべての九年生が八つの教室に分かれての中間報告会を持つことができました。多くの教室で質問や感想などがとびかい、予定の時間を大きく超えて盛り上がっていたグループもありました。論文を書く困難さとは別に、発表するということが人とつながる大きな契機になるのだということを感じた生徒は少なくなかったのではないでしょうか。

また、この時期本校の評議員でもある東京外国語大学の中山俊秀氏に主に言語・民族文化をテーマに取り組んでいる十名近い生徒が一人一人面談、アドバイスをいただきました。そのときの彼らの真剣に向き合おうとする姿は今でも私の脳裏にやきついています。中にはメールで連絡を取り合い、実際に大学の研究室にお邪魔することになった生徒もいたようです。来年度に向け、明星の中学生と研究の場である大学とをつなぐ一つの可能性を感じさせていただきました。

また、それとは別に、研究テーマを専門としている先生を自らさがし、大学の研究室を訪ねる生徒、いくつもの大企業に質問を送り、その回答を資料に自らの論を展開している生徒もいました。これらのことは、我々指導する立場の人間に大きな示唆と刺激とを与えてくれます。

このようにして十二月、ついにカラー印刷された原稿に厚紙の表紙をつけ、この世に一冊の冊子を全員が手にすることとなりました。

今年度、もう一つの挑戦がありました。論文を書き、各自製本するというだけではなく、全員が自分の研究してきたことを一人ずつお客さんを前にして、プレゼンテーションをするということです。自分の研究してきたことを模造紙に書き込み、それを展示して見てもらうということはこれまでも何度かありました。しかし今回は全員が直接自分の言葉で目の前にいるお客さんに伝えるわけです。もちろん生徒にとって評判のいいはずはありません。大変な緊張感です。それにもまして自分の発表を聞いてくれる人がはたしているのだろうかという不安感も大きかったはずです。

ところが、面白いことに話すことが苦手だと思っている生徒ほど一生懸命発表原稿を書き、担当の先生のアドバイスを聞き、練習を重ねるたびに顔を上げ、指示棒で模造紙の資料を指し示すようになっていきました。最終日の一般の方向けの発表会では自分たちでお客さんを呼び込み、プレゼンをとおして一生懸命人とつながろうとしている生徒の姿をあちこち見ることができました。ごく自然に受付を手伝ってくれている生徒がいました。いちょうのホールに来ているお客さんに是非教室でのプレゼンを見てくれるよう、自分よりもっとすごい発表があると伝えている生徒がいました。すべてのプログラムが終了した後、全員で気持ちよく会場の後かたづけをしている姿、もしかするとこの姿こそが今回の卒業研究の取り組みを象徴する一場面だったのかもしれません。

ブースの作り方、プログラムの組み方、プレゼンの練習の方法など不十分な点は多々ありました。にもかかわらず、彼らを変容させてくれたのはお客さんとして彼らの発言に耳を傾け、あたたかな言葉をかけてくださった方々のおかげです。私自身もそういった場所に立ち会うことができたわけです。

もっとこうすればよかったと悔しい思いをしている生徒も多くいると思います。友人の頑張りを見ながら自分だってできたはずだと複雑な気持ちの生徒もいるでしょう。でも、そのような思いはきっと次へつながります。これはゴールなのではなくスタートなのです。そのような流れの中で彼らの論文を見るとき、また別の輝きをそこに感じます。

今回、このような形で発表会を行えたのは、学年だけでなく学校を挙げての取り組みとしての第一歩を踏み出せたことが大きかったように思います。特にK校長にはパソコンを一クラス分そろえることに尽力してもらい、ワード・パワーポイントの指導を一手に引き受けてもらいました。また、責任者としてなかなか先の見通しの立たない中、学年外でもHさんをはじめ多くの先生方に手をかしてもらいました。

そして全員のデータを手軽に一枚のDVDとしてまとめるのではなく、一冊の論文集として製本することになったのは、みんなの論文をじっくり読んでみたいという多くの保護者の皆さんの声と、初めて担任として卒業生を送り出すOさんの「全員の論文を紙にのった活字として手にしたい」という熱い思い、そして「それなら費用を安くおさえるために、編集作業は全部自分がやる」と言ってくれたK校長の心意気によるものです。

そんなたくさんの人たちの思いと、感謝の気持ちを添えて、この分厚くて重い一冊の論文集をお届けします。（『二〇一一年度卒業論文集』に寄せて）

この年の三月、今回の実践をふまえ、運営委員会より「卒業研究では全員に論文を課し、発表会において全員が一人一人プレゼンテーションを行う。発表会では父母・一般の方を対象とする日を設け、学年ではなく中学校全体としてその運営にあたる」という提案がなされ、中学校部会において賛成多数で可決されました。

6　最も大切なテーマ探し

『卒業研究』において、最も大切なことはテーマを自分で見つけることにあります。一番ラクなテーマは何だろうといった発想からは、楽しいことは生まれません。一年間かけての取り組みです。どう転がっても楽なはずはありません。だとしたら、仕方なくといったつまらない時間を過ごすのではなく、大変だったけど楽しかったと言えるような研究にしてもらいたいと思います。

そのためには、自分の興味関心のあることについて深く考えてみることです。人からどう評価されるかではありません。あるいは、社会に対して疑問や不満を持っていることはありませんか？　こういうこともテーマを探すためのきっかけになります。不平という言葉には、ネガティブでどこか人任せなニュアンスがあります。しかし、疑問や不満というのは現状をより良くするための原動力にもなるのではないでしょうか。

先日、明星学園で十二年間を過ごし、国立の東京農工大学に進学、卒業後は京都大学大学院に進学、現在御蔵島の京都大学野生動物研究センターでイルカの研究をしている修士課程一年生のTさんが、学園にやってきてくれました。卒業生として、七年生（中一）に特別授業をしてもらうためです。

人口約三百人の御蔵島の周辺には、現在約百三十頭の野生のイルカが生息しているそうです。彼女は頭にカメラをつけ、海に潜って水中で泳いでいるイルカを観察・研究しています。イルカの個体識別の仕方、三十から四十頭の群れの中に入っての観察だからこそ出会える、面白い仕草、実際に自分で撮影した動画を用いてのお話に、七年生も好奇心いっぱいの表情で聞き入っていました。最後の質問コーナーでは、次から次へと手が挙がり、鋭い質問、ユニークな質問がとびだしました。それに笑顔で丁寧に答えてくれるTさん、素敵な先輩に出会うことのできた一時間でした。

講演の最後に、中学校時代の自分自身のことを少しだけ語ってくれました。小さい時から動物、特にイルカが好きだったこと。九年生（中三）の卒業研究のテーマを探す時、「自分のやりたいことをやっていいんだよ！」と、先生に言われたこと。自分の好きなことって何だろうと改めて考え、やっぱり動物だと思ったこと。彼女の卒研のテーマは、『なぜ今、野生動物の数が減っているのか？』でした。「中学生の時に、自分のやりたいことは何か、考えるきっかけを与えてもらえたことはとても大切なことでした。そして、好きなことをやり続けること、そのことでいろんなことにつながっていきました。今、御蔵島でフィールドワークしているのもそのおかげです。」その言葉に七年生は、何を感じていたでしょうか？

このように、九年生でみつけた研究テーマを卒業後まで持ち続けている例は思いのほか多いということに、後になって気づかされます。

数年前、私のもとに一人の卒業生から結婚披露宴の招待状が届きました。九年生の時、担任をしていた女子生徒です。彼女は内部進学で高校へ進む生徒がほとんどの本校において、一人都立の定時制の学校へ進学しました。それから、十年以上が過ぎ、その間会ったのは一、二度くらいだったでしょうか。年賀状のやり取りをする程度の関係でした。それが招待状には、主賓として挨拶をしてほしいというメモが入っていたのです。さあ、どんな話をしたらいいだろうか？　当時のことを振り返りました。卒業アルバムを眺め、そしてその年度の『卒業論文集』をパラパラめくり始めました。彼女の研究テーマを確認してみました。『親の愛情を受けない孤児はどうしたら幸せになれるのか？』。はっきりと当時のことを思い出しました。彼女のテーマを見てドキッとしたこと。他の担任たちと彼女はなんでこんなテーマを持ってきたのだろうと、話したことが昨日のことのようによみがえりました。彼女の家族構成はどうだったっけ。でも、その後彼女の書いた文章を読んで安心することができました。論文のあとがきには次のように書いてあったのです。

自分はすごく恵まれていると思った。両親もいて姉妹もいる。家族全員仲良しだし、他のことでも恵まれている。でも、普通に過ごしているとあたりまえのことだけど、本当はあたりまえではない。あたりまえだと思えるのは、自分が幸せだからだ。子どもが幸せになるためには大人が責任を果たすことが大切だ。そのうち私も大人になるけど、自分は幸せだと思える子が少しでも増えたらいいなと思う。

温かい家庭で育ち、なおかつ自分と違う、環境に恵まれない子どもたちのことを中学校時代において想像する優しさをもっていた彼女を紹介するエピソードとして私は、彼女の卒論のテーマ名の「親の愛情を受けない孤児」を「親の愛情を受けない子ども」とし、スピーチ原稿の準備をしていきました。さすがに、披露宴の場で「孤児」という言葉を使うのはいかがなものかと、変な配慮をしていたことも覚えています。

披露宴が始まると、新郎新婦のこれまでの人生が紹介されていきます。私にとっては知らない、彼女の中学卒業後の姿が映し出されていきます。高校を卒業し、保育士になるための専門学校に通ったこと。専門学校卒業と同時に、一人東京から三五八キロメートル離れた離島「青ヶ島」に赴任したこと。そして人口わずか百六十人ほど、港はなく島外へはヘリコプターが唯一の交通手段であるこの島で、保育士としての仕事を始めたということ。披露宴会場のスクリーンには、ライブで島の保育園の子どもたちが映し出され、「先生！　結婚おめでとう！」。そして、かわいらしい合唱を聞かせてくれます。電波の関係で映像が時々乱れます。それでも彼女と子どもたちの絆をはっきり感じることのできる瞬間でした。

彼女はこの島で、今横に座っている新郎と出会い、今年東京に戻ってきました。新しい保育園では現在、○歳児を担当しているということです。目頭が熱くなる思いで、その様子を眺めていました。自分らしい、良い人生を歩んできているな、そしてこれからも頑張ってほしい、素直にそう思える素敵な披露宴でした。

卒業研究がその後の人生に影響を与える、そんな単純なことを言いたいのではありません。ただ、十五歳という年齢で、自分とは何かを必死に考えるということは大きな意味を持っていると感じるだけです。


こんな生徒もいました。二十年以上前に卒業した生徒です。彼女の持ってきたテーマは『どうすれば痛くない注射針を作れるか?』。職員室に相談にやってきた彼女は、自分がどれだけ注射が嫌いか、蚊の針を応用すれば痛くない注射針を作れるのではないかと、得々と語るのです。面白いなあと思いました。身近な自分自身の実感から生まれる、こういう素朴な疑問こそ大切にしてあげたいなと思いました。近くにいた同級生も話の輪に加わり、盛り上がっていきます。「そうだよな。蚊に刺されると痛いとか言うけど、刺されている時は気がつかないよな。刺された後、痒くなるけど。」「あんなに細い針だけど、血液が中を流れているんだからたしかに応用できるんじゃない?」だれもが一度は思い浮かべるような疑問、それでいてすぐに日常の中で消えていってしまうようなちょっとした思いつき、それをうまくすくい取ると面白いテーマが見つかります。

もちろん、こんな声が遠くから聞こえてきていたのも事実です。「中三にもなって子どもっぽいテーマだな。新聞を見れば政治のことや経済のことなど重要な問題がたくさん出ているのに。」教員の側の感性が問われます。彼女を担当した理科の先生は立派でした。一緒に参考文献を探し始めてくれました。そして、国立感染症研究所に問い合わせをしたのです。すると、その研究は現在まさに最先端の研究であること、そしてそういう疑問を中学生が持ち、調べようとしていることを大変褒めていただいたというのです。研究所の先生に紹介していただいた文献は、どれも専門書で中学生には歯が立つものではありませんでしたが、それでも担当の先生に手伝ってもらいながら、一つの論文を仕上げました。

一見子どもっぽく見える疑問が、実は最先端の科学研究につながっているという事実は多くの示唆を与えてくれます。彼女は学問の入口に立ち、そこに何があるか分からないながらも学問の持つ奥深さを感じることができたのではないでしょうか。それから数年後でした。私は車の中でラジオから流れるニュースを聞きながら思わず声を上げてしまいました。「蚊の針を応用した注射針がついに開発されました!」今すぐにでも、このテーマで論文を書いた卒業生に報告してあげたい、そんな気持ちでした。

もちろん、中には全くテーマの決まらない生徒もいます。「僕には関心のあることなんかない！」「どうせできっこない！」やる前からネガティブです。反発するのであれば、いろいろ話の持っていき方もあります。不安なのであれば、先輩たちの具体例を話してあげることもできます。ただ、挑戦しようとするエネルギーがないというのは、一番困ったことです。卒業研究以前に、生活すること自体が心配になってきます。ただ、十四、十五歳ごろの男子の中には時折、こういった生徒が現れます。特に能力がどうこうということではありません。先が見えず、殻に閉じこもってしまっている状態というのでしょうか。しかし、卒業研究に関する対話を続ける中で、それを突破できることもあります。

一人、今でも忘れられない生徒がいます。とてもおとなしい男子生徒でした。おとなしいというより、無気力なといったほうが正確かもしれません。先生に反抗したり問題行動を起こすということもありません。彼がなぜそうなっていたのかはよくは分かりません。小学校時代はもっと快活だったという話を聞いたこともあります。その生徒が中二の終わり頃、なんと学校に麻雀を持ってきたのです。ゲームではありません。本物の麻雀パイです。前代未聞のことでした。私たち教員が初めて見た彼の「主体的な行動？」だったような気もします。

もちろん、学校に麻雀を持ってくることなど認めるわけにはいかず、学年で指導を行いました。「なぜ、いけないんですか？」「賭け麻雀なんかしていません。純粋にゲームとしての麻雀です」「なぜ将棋は良くて、麻雀はダメなんですか？」「人に迷惑をかけません。昼休みの予鈴が鳴ったら片づけます」。こんなにきっぱりとした口調で、先生方にものを言う彼の姿を初めて見た気がしました。彼に対して、論理的に納得させられる理由は持っていなかったように思います。ただ、「学校に麻雀を持ってくるなんて……」という声は、生徒の側にもいわゆる常識としてあり、この問題は形の上では収束していきました。ただ、残念ながら彼は元のおとなしく、無気力な状態に戻ってしまっていました。

「卒研なんてどうでもいいよ！　おれなんて関心のあることなんて何もないし！」彼が小さな声でつぶやくのを聞きました。「君は、あれだけ麻雀が好きだったんじゃないのか？　麻雀のことをテーマにすればいいじゃないか！」その時、彼の目が鋭くこちらを向いたのを感じました。「麻雀なんかをテーマにしていいの……？」「麻雀なんかって、君は麻雀を馬鹿にしているのか？」すかさず私は、たたみかけました。「麻雀って面白いゲームなんだろ！」「そうだよ。すごく頭を使う、奥が深い遊びだよ。」「だったら、テーマになるんじゃないのか？　なんでそんなに奥の深い遊びが、不良の遊びと言われたりするんだろう？　もしそれが偏見だとするなら、君が麻雀の魅力をしっかり調べ、誤解している人たちに向かって伝える論文を書いたらどうだろう。」

彼は、自らさまざまな文献にあたり始めました。もともと麻雀は中国の貴族の間で行われていた高貴な遊びであったこと。日本へ渡り、広がるにつれルールが変わると同時にその背景も日本独自なものになっていったこと。日本における今後の麻雀の可能性。中間報告会の場では、普段見られなかった前向きな彼の姿が見られ、内容的にも他の先生方から評価してもらえるものになっていました。

中学生時代には、自我が生まれます。大人に対して、世の中に対して疑問が生まれます。しかし、それをうまく伝えることのできる言葉を持っていません。余裕のない物言いは誤解を生みます。真意が伝わりません。「どうせ、分かってくれない！」「どうせ俺なんて！」「どうせ……」の回路から、いかに生徒を解放させてあげられるか、それが身近にいる教員の大きな役割ではないかと思います。

また、別の男子生徒は「スケートボード」について研究しようとしていました。若者の間で一つのファッションとして流行りだし、同時に町の公道で大きな音を立てながら遊ぶ迷惑行為として取り上げられだしていた頃でした。彼は当初から「スケボー」を一つの立派なスポーツとして考えていました。スケボーの魅力とスポーツとしての可能性を伝えたい。その時に、一番大きな妨げとなるのが、スケボーを愛していると言いながら、迷惑行為を繰り返す人たちであるということも指摘していました。もちろん、安全にスケボーを楽しむことのできる場所が今の日本では整備されていないという事実が前提の上でのことですが。そのように語る時、彼はスケボーに何の興味も持っていない人たちと対話できるチャンネルを持っているのです。自分中心で語られる言葉を、いかに他者とつながる言葉に変換してあげられるか、それは「子ども」が「おとな」へと変わる時でもあるのです。

オタクという言葉が生まれてから、かなりの時間が経ちました。この日本において、完全に市民権を得たようにも思います。たとえ狭くても、一つのことに強い関心を示し、深く追求することは、悪いことではありません。むしろ、文化はそういうところから生み出されてくるようにも思います。問題なのは、その狭い世界の中で満足してしまうかどうかでしょう。同じ関心を持つ者同士の世界では、多くの言葉は必要ありません。その中で差異が生まれれば、さらに細分化され、「あいつらとは違う」といった方向に進んでいきます。ネット文化はいっそうその方向性に拍車をかけるでしょう。

時代はますます、自分に都合の良い情報と自分に賛同してくれる人とつながることをたやすくしてくれるでしょう。一見一人一人が尊重されているようでいて、「多様性を認め合い、共同的に生きていく」豊かな社会とは、全く逆の方向に進んでいることは、だれの目にもはっきりしているのではないかと思います。

大切なことは、自分と価値観の違う他者とつながること。その回路を開いてあげることではないでしょうか。自分を否定されることはだれにとってもつらいことです。価値観の違う人とのコミュニケーションをとることに勇気がいるということもよく分かります。しかし、この世の中は、イエスかノーで割り切れるものではありません。一〇〇かゼロでもありません。他者の考えに出会い、対話が生まれ、自分の考えが変わっていくことは豊かな学びです。勝ち負けではありません。

『卒業研究』という一年間の取り組みは、たくさんの他者と出会うことでもあります。担当教員との出会いであり、複数の参考文献との出会い、折々に報告し合うときに聞き手となってくれる仲間との出会い。他者と出会うことによって人は磨かれていきます。

7 今求められるフィールドワークとしての「してみる計画」

時代とともに、論文を書き、それを発表するための機器は次から次へと進化していきます。三十年近く前に初めて生徒に卒論を書かせた時は、手書きが当たり前でした。原稿用紙三十枚以上とは、まさに三十枚以上でした。三十という数字に（その後、二十枚以上とした年もありました。）特段の根拠があるわけではありません。初めて卒論に挑戦する彼らに、漠然とでも目標とするボリュームを示しておきたかっただけです。

その数字を発表した時、生徒たちはまだその大変さに気づいてはいません。何か楽しいことができるのではないかというぐらいに気楽に考えていたのでしょう。それで十分です。ネガティブにとられては困るなと思っていたのは杞憂に終わり、どこか楽しげでした。一方、保護者会でそれを発表した時はその逆でした。一斉に「え～！」、そして笑い声。「そんなこと、できるんですか？　少なくともうちの子は……」というように私には聞こえました。

その年の原稿提出の締め切り日のことは今でも覚えています。「一人も残らず、全員の論文の載った論文集をつくろう」それが合言葉でした。「締め切りに間に合わないと、論文集には載せられないぞ！」そんな姑息な手も使ってしまいました。ところが、まだ一人、未提出の男子生徒がいました。締め切り時間の少し前になってクラスの女子生徒が職員室に飛び込んできました。「あと十分待ってください！　Y君、もう少しで完成するから！」それからしばらくし、Y君がクラスの生徒四、五人と一緒に笑顔で、そして照れくさそうに職員室にやってきました。「できたよ！」満足そうな表情でした。私はページの抜けがないかを確認しました。ところが、あとがきのある最終ページがないのです。Y君の表情が一気に変わりました。「今、書いたばっかりなんだよ！」隣にいた女子が「来る途中で落としたんじゃない？　もう一度教室まで戻ってみよう」。その一枚はすぐに見つかり、事なきを得ました。今となってはなつかしい笑い話です。

現在、生徒はGoogle classroomで文書やスライドを作成し、長期休み中であっても担当の先生とつながり、アドバイスをもらったり添削してもらうことが可能になりました。

発表の形態も大きく変わりました。当初は、全員が一枚の模造紙に自分が研究したことをまとめ、それを展示することから始めました。展示場所にやってきたお客さんに、その場で生徒が質問を受けたり、解説をしたりといった年度もありました。まだ、パソコンが一般に普及していない時代でした。

しかし、今や各家庭にパソコンがあることが当たり前となり、学校にも一クラスの人数分のパソコンが設置され、ワードやパワーポイントの指導も行われるようになりました。各教室には、スクリーンやプロジェクターが設置されています。だれもがインターネットで知りたいことを検索することが可能になりました。行事の報告など、私以上にパワーポイントを使いながら分かりやすく、しかも美しく発表しています。

便利になったことは素晴らしいことではあります。形を作ることもうまくなりました。しかし、「簡単に」できるようになるということは、実は本当に大切なものを失うということでもあります。自分の頭で考えること。自分の手や足や耳を使うこと。悩むこと。稚拙であっても、自分の表現にこだわること。

ネットでの検索は、自分に都合のいい意見をたくさん見つけるのに役立ちます。それがかたよったものであっても、なかなか自分では気づけません。ネットは本当に便利なツールではありますが、それを使いこなすにはさまざまな経験と学びが必要なのでしょう。卒研の目的の一つに、他者と出会うということがあります。しっかりとした参考文献に出会うことはその近道でもあります。それも立場の違う複数の文献に出会ったとき、思考は動き始めます。しかし、十五歳が読むのに適当な文献がすぐに見つかるわけではありません。ややもすれば、安易に引用し、体裁を整えるだけの論文になってしまいます。図書館に行けば、お勧めの研究テーマを紹介した本が出ています。お勧めというのは、参考文献を探しやすく、想定される結論に簡単に持っていけるということです。

また出てきました。「簡単に」という言葉。私たちは彼らにそんなことをさせたいわけではないのです。たとえ、思い通りに研究が進まなくとも、自分の考えたテーマとしっかり向き合い、格闘し、その時点での自分の主張を文章で書き、他者に向かって発表すること。私たちは彼らに、無難に論文をまとめる方法を教えるのではなく、夏休み中のフィールドワークを課すことにしました。実際に行ってみる。話を聞いてみる。実験してみる。観察してみる。専門家に出会ってみる。フィールドワークなどというとどこか難しく聞こえてしまいます。同僚の先生がそれに「してみる計画」と名づけました。ネーミング一つで、わくわくする取り組みに変わります。

8　保護者・卒業生ボランティアの役割

『卒業研究』において、担当教員の一番の役割は、良き聞き手であることだと思っています。生徒の研究するテーマにおいて、担当教員が専門性を持っているわけではありません。教科の授業においては、その専門性が問われます。しかし、こと『卒業研究』においては生徒の側が他者に伝える主体なわけです。「その具体例では説得力がないよ！　その事実だけで一般化できるのかな？　難しくて分からない。もっと分かりやすく説明してほしいな。」担当教員は、あまり物分かりよくなってしまってはいけない気がするのです。

一方で、参考文献の見つけ方、引用するときのルール、図書館の利用の仕方など事前に指導しておかなければいけないことはもちろんあります。それらの中で、「してみる計画」を一緒に考えてあげることの重要性はますます大きくなっています。人と人を結び付けてあげることは、研究をただの調べ学習で終わらせない重要なポイントにもなっているのです。

しかし、教員一人一人の情報、人脈には限りがあります。また、本校のように大学を持たない小さな学校においては、直接相談できる場もありません。そこで、本校では在校生の保護者の方々に向けて『卒業研究保護者ボランティア』なるものを募ったのです。専門をお持ちの方で、生徒の研究テーマについて相談にのっていただける方、現場を紹介いただき、見学やお話をうかがえる場を提供していただける方。すると、こんな方々から了解のお返事が舞い込んできました。

理化学研究所研究員（理論物理学）／新日鐵住金研究所（鉄づくり・鋼板の加工技術）／住友商事（環境問題・国内電力）／日本マイクロソフト（認証）／日本放送協会（報道・番組制作・情報通信）／読売新聞社／朝日新聞社

上智大学教員（フランス史）／一橋大学教員（数学）／日本大学教員（教育学）／大妻女子大学教員（服飾文化・デザイン）／工学院大学教員（数学）／東京外国語大学教員（言語学・ことばと文化）／目白大学教員（美術教育）／法政大学能楽研究所／武蔵野美術大学教員（芸術文化）／東京都立大学教員（インテリアデザイン）

日本ＩＢＭ研究員／地方公務員（保育・幼児教育）／システムエンジニア（プログラミング）／テレコムスタッフ株式会社（映像・ドラマ・マスメディア）／半導体設計と技術研究開発（画像処理・色の原理・視覚・Ｃプログラム）／生態学・動物調査／学芸員（日本考古学・遺跡訪問）／美術館博物館学芸員／縫製業（針仕事）／中国帰国者支援・交流センター／アロマテラピーインストラクター

獣医師／恩賜上野動物園飼育係／小児科医師／保健師／看護師／ろう学校／薬剤師

漫画家／ライター／翻訳家／絵本作家／フルート奏者／音楽分野におけるドイツ語通訳・翻

訳家／インテリアデザイナー／カラーコーディネーター・・・

申し出をくださった方の一部を紹介させていただいたわけですが、毎年五十名以上の方が登録してくださっています。これをみるだけでも保護者の方々の多様さ、文化的な豊かさを感じずにはいられません。学校というものはどうしても閉鎖的になりがちです。同じ年齢の生徒が同じ教室に集められ、同じ方向を見ている。教員が「責任」という名のもとに生徒を囲い込んでしまう。これからの時代、学校がもっと社会に開かれ、学びの場としての可能性が広がっていくことを期待します。教員の役割が、専門の教科を教えることと同時に、開かれた学びの場へとつなぐコーディネーターの役割を果たしていくことになるのではないでしょうか。

9 自ら動き始める「してみる計画」

『卒業研究』においては、テーマ選びこそがこの取り組みの要です。それが自分の本当に関心のあること、自分が心から好きなことであってほしいと願っています。そのためには自分自身と向き合うことが求められます。与えられるのを待っているだけでそれはみつかりません。「自立・自律」への第一歩です。ただの「良い子」ではいられません。

でも、それはとても勇気のいることです。正解がはっきり見える世界ではないからです。研究に失敗はつきものです。失敗を恐れては何もできません。まずは行動してみる。自ら働きかけ、社会とかかわってみる。そしてそれがどんなに楽しいことなのかを感じてもらいたい。そんな願いを込めて我々教員は、卒研保護者ボランティアの皆さんとともに生徒たちをサポートしています。

彼らには具体的な研究活動としてフィールドワークを求めます。私たちはその計画を「してみる計画(卒業研究に向けてのフィールドワーク)」と名づけました。関連施設を訪問したり、専門家や識者の方へ取材させていただくこともあります。生徒自身が集めた情報を研究のもとにすることで、中学生ならではのオリジナリティのある研究になっていきます。ここでは、そんな「してみる計画」のいくつかを紹介します。

【二〇一九年度卒業生の「卒業研究」より】

◆〈テーマ〉井の頭公園のモグラ塚の分布

通学路の井の頭公園で、モグラが穴を掘ったであろう跡をいくつも発見、モグラを身近なものと気づいた瞬間、水が湧くようにモグラのことを知りたくなった。

〈してみる計画〉

・井の頭公園のモグラ塚を観察、目立った生息域を記録、「井の頭公園のモグラの分布図」を作成

・多摩動物公園「モグラの家」を訪れ、取材

◆〈テーマ〉オカダンゴムシの交替性転向反応の決定に関する感覚器官の影響

幼い頃から虫が大好きで、見つけた虫をずっと見ていたり、暇があれば探しに行ったりしていた。そんな中、ダンゴムシを迷路に入れるとジグザグに進むということを知り、その不思議さがテーマにするきっかけとなった。

〈してみる計画〉

・自分の家の庭の落ち葉の下にいたオカダンゴムシを十匹捕獲。工作用紙を使い、コーナー

が四回、角度が九十度、幅、高さはそれぞれ一センチメートル、直線の長さは五センチメートルの通路を制作、スタート位置から歩かせる実験をした。一匹当たり十回、合計百回の試行を行い、対照実験とした。

・対照実験からいくつかの仮説を立て、さらに実験でそれを検証していった。

◆〈テーマ〉神戸毅裕による神戸毅裕のためのオリジナル走法

陸上競技、特にスプリント競技において体格の差が記録に及ぼす影響は大きい。欧米人と同じ一軸走法で日本人が世界で活躍することは難しいといわれ、高野進が欧米人との体格差を埋めるために発案した二軸走法を末續慎吾が使用、二〇〇三年世界陸上二〇〇メートルで銅メダルを獲得した。私は末續と同じ動きをすれば速く走れると考え、末續の走りを模倣したがタイムは短縮しない。そんな時、山縣亮太の「個々人では筋肉のつき方や骨の成長速度などが異なるため、自分のオリジナルを見つけなければいけない」という言葉に出会う。自分のオリジナル走法について仮説を立ててみた。

〈してみる計画〉

・二軸走法のメリットとデメリットを分析、自分に合った練習方法を考え、七月三十日～十一月二十日の期間、毎日データを記録し、分析。「ジュニアオリンピック予選会」「支部対抗陸上」等の大会の記録の伸びを見る。

・筑波大学の高野進さん（元オリンピック選手）に相談し、アドバイスをもらう。

◆〈テーマ〉公園と子ども—子どもが自由に遊べるようにするためには—

小学校四年生の時、放課後に友だちと楽しく遊んでいた大好きな公園。しかし、ある日、学校の先生がやってきて「公園の近くに住んでいる人から、子どもたちが騒いでいてうるさいという通報があった」と注意された。その時感じた、公園で楽しく遊べないなんておかしいという怒りが今でも残っていて、それがこのテーマにした理由である。

〈してみる計画〉

・国分寺市の町中にある小さな公園のルールが書いてある立札の写真を撮りまくり、理不尽だと思うルールを見つけ、なぜこのようなルールを作っているのか仮説を立てる。

・市役所の緑と建築課に行き、疑問を聞いてみる。また、母校の小学校の先生の所に行き、インタビューする。

・教育評論家の尾木直樹先生とお話しできる機会を作っていただき、質問してみた。子どもを地域みんなで支え合い育てていく「地域の子供」と考えていないという視点、もう一つは子育て時代に育児にほとんどかかわっていない中年男性は子どもの声が生理的にカンに触るといった、今まで考えていなかったような視点に出会う。

・さらに、明星大学デザイン学部教授の萩原先生にお会いし、同世代のつながりをつくるイベントの試みやその苦労など、新たな観点をいただいた。

◆〈テーマ〉なぜ日本人から着物離れが進んでいるのか
中学二年生の秋に出会った『源氏物語』。そこで興味を持ったのが詳しく描写されている装束の説明。そこでふと思った。平安時代、多くの人にとって当たり前の物だった装束や着物が、なぜ現代を生きる私からは遠い存在になってしまっているのか、そんな疑問が私の頭に浮かんだ。

〈してみる計画〉
・仮説を立て、検証するために夏休みの二週間、浴衣を着て生活し、さまざまな文献にあたりながら考察を深めた。
・「江戸東京たてもの園」を見学、仮説を検証するために、日本の家が和風から和洋折衷の家に変わっていく過程を調べた。その際、ガイドさんの説明も参考になった。
・大妻女子大家政学部の中川麻子先生（本校卒業生）に論文完成まで相談にのっていただく。

10 プレゼンテーション ― 「聴く力」と「コメントの力」

九年生（中三）は、一年間の「卒業研究」の記録を論文としてまとめた後、現在三学期に「卒業研究発表会」を学内向け・一般（保護者等）向けと二日間にわたり実施しています。十二の教室に分かれ、全員が一人ずつパワーポイントを使いながらプレゼンを行うわけです。その一週間ほど前にはリハーサルがあります。生徒にとっては、緊張の日々が続きます。

生徒の最大の不安は、しっかり聞いてもらえるかということです。特に一日目の発表では下級生が聴衆です。「どうせ私の発表なんて聞いてくれる人いないよ。」「お客さん来なければいいのに。」「質問は受け付けてほしくない！」不安はどうしてもネガティブな言葉となってあらわれます。その言葉が本心でないことは分かります。最悪の状況を想像し、前もって自己防御しているのでしょう。しかし、そこから良い経験は生まれません。「良い発表をすればしっかり聞いてもらえる」という正論はこのような場合、生徒にはプレッシャーとなるだけです。担当の教員は、彼らに寄り添いながら具体的なアドバイスをしていきます。

一方、聴衆である七年生・八年生（中一・中二）には当日、発表者の人数分のコメントカードが渡されます。小さいカードですが一人一人に感想を書き、発表後本人の手に渡ります。質疑応答の時間では伝えられなかったメッセージが書いてあります。発表を終えた生徒たちは、渡されたカードに目を通した瞬間、明らかに表情が変わります。一生懸命取り組んできた生徒には、それだけ中身の濃いメッセージが返ってきています。「先生、こんなこと書いてくれている！」「話したこともない七年生が放課後、相談に来てくれた。」良い聞き手は、発表者を成長させてくれます。

そのような傍から見ると何気ないやり取りが、彼らに自信を与えてくれます。「明日たくさん、お客さん来てくれるかなあ。」「伝えたいこと、いっぱいあり過ぎるんだけれど……。」「もっとうまく伝えられる言葉、ないかなあ！」同じ生徒の発言とは思えません。緊張感のある中で生徒は成長していきます。

ある年の「卒研発表会」二日目（保護者一般向け）のことでした。その生徒のテーマは「東日本大震災当時の問題点と今の問題点は何か」。プレゼンの前半で震災直後の流言やデマについて語り、また被災者の仮設住宅について調べたことの発表がありました。後半では実際に福島を訪れた経験が報告されました。一人暮らしをしていて震災に遭い、その当時仮設住宅に住んでいた八十五歳のおばあちゃん、さらには被災者でありながら支援活動を続ける「ぶらっと」のスタッフさんへのインタビューをふまえ、現在の課題とするべきことについて自分なりの考えを述べて発表を終わりました。

質疑応答の時間です。ある一人の保護者の方が挙手し、発言しました。「たった二人をインタビューしただけで、結論に持っていくのは研究として無理があるのではないでしょうか。」会場に沈黙が流れました。すると次の瞬間、別の保護者の方が手を挙げました。「私は素晴らしい発表だったと思います。実際に現地に行って人と会い、インタビューし、自分の感じたことを自分の言葉で表現する。中学生の卒業研究としては素晴らしかったと思います。」発表した女子生徒はもちろん、一瞬のうちに会場に安堵の空気が流れました。

ここで申し上げたいのは、前者の指摘が不適切で後者の感想が素晴らしいということではありません。二つの異なる意見が出たこととそのバランスのすごさです。前者の意見からは、研究とはどうあるべきかということが示されています。部分のみを取り上げて一般化してしまう危険性の例は、枚挙にいとまがありません。自らの未熟さに無自覚なまま発露される正義感は、悪意のない分、気づかぬうちに逆に大きな傷を他者に与えてしまいます。中学校段階で伝えておきたい大切なことです。でも、この時の保護者の方の言葉だけでは、本意は伝わらなかったでしょう。こんなに一生懸命取り組んできた中学生に対して厳しすぎると受け止められてしまっても、不思議のない状況でした。

それを救ってくれたのが、もう一人の保護者の方でした。多くのお客さんの前で手を挙げ発言するというのは勇気のいることです。でも、このお母さんの一言があったおかげで、発表者の生徒は多くのことを学べたのではないでしょうか。この言葉があったおかげで前者のお母さんの伝えたかったことの大切さについてその生徒と語ることができました。この日の出来事は今でも鮮明に覚えています。教員として、大人としてどんなコメントを言うか。どのような言葉を選ぶか。言葉がどのように相手に伝わっているかを感じ取れているか。自己満足のコメントになっていないか。一人の力には限界があります。それをサポートしてくれる同僚の存在、保護者の皆さんの力に救われます。

【第Ⅴ部】悩み多き中学生のキミへ、そして若き教師に向けて

悩み多き中学生のキミへ

最後まで読んでくれてどうもありがとう。関心のあるページだけで、途中を飛ばし飛ばし読んできたとしても全く問題ありません。ここまでたどりついてくれたことに感謝します。

現在の自分に不安を感じたり、悩んだりすることは、感性が豊かで繊細な心を持っている証です。でも、とてもつらいことでもありますね。だれも自分を理解してくれる人はいない、孤独だと感じてしまうこともあるでしょう。そんな時、「いつかきっと、そんなこともあったなと笑いながら思い出せる日がくるよ」という言葉は、素直に受け入れられるものではないかもしれません。でも、必ずそうなります。「いつか」がいつなのかは分かりません。でも、「いつか」は絶対にやってきます。

今見えている自分の世界は、実はとっても小さなものです。そこを突破したとき新しい世界が見えてきます。この世界は「多数派」と「少数派」に二分されているのではなく、多数の魅力ある「少数派」から成り立っていることに気づきます。自由を感じます。逆に、自分を「多数派」なるものに合わせ、「多数派」に所属することで安心しようとしている人間の悲しさが見えるようになってきます。

未来が見えないとき、友だち関係に悩んでいるとき、小説や物語、映画の世界に遊ぶことも大切です。そこには自分とよく似た登場人物がいるはずです。自分は一人ではなくなります。時にこうでなければいけないと、自分で自分を縛ってしまっていることもあります。自分は自分、他人（ひと）は他人（ひと）です。そもそも自分のことが分からないなど当たり前です。

三月の卒業式には、本校でも卒業生代表の挨拶があります。毎年、笑いと涙に包まれます。なぜか、順風満帆ではなかった生徒が登場します。いや、順風満帆な生徒などいるはずはないですよね。自分自身を素直にみんなの前で語れるまでに成長したということなのでしょう。

学年の先生に挨拶を頼まれたある男子生徒が、どうしたらよいかと私のもとに相談に来ました。「自分は優等生でもないし、特別な成績を上げたわけでもないのに代表なんてできない」と言うのです。「でも、きっと学年の先生方はキミの魅力を評価してくれているのだからそんなふうに考えることはないよ。」「三年間、中学校で過ごしたからこそ後輩たちに伝えられることがあるんじゃないかな。」そう話すと急に彼は居住まいを正して、「考えてみます」という言葉を残して、職員室を後にしました。

卒業式当日、その男子生徒は、自分は人前で話すような人間ではないし、代表に選ばれるような何かがあるわけではないと前置きしながら、下級生に一つ言えることがあるとすれば、二階、三階、四階では見える世界が違うことだと語り始めました。本校の中学校校舎は二階が中一の四教室、三階が中二、四階が中三それぞれ四教室というシンプルなものです。二階にいた中一時代はいつもいらいらしていたし、すぐにだれかと言い合いをしていた。自分でも理由が分からない。上手くいかないことをすべて他人のせいにしていた。それが中二になって三階に上がると、ぐちゃぐちゃしていた人が少なくなった。そして四階の中三時代は自分もみんなも本当に落ち着いた。そして、四階までの階段を上りながらそれぞれの階の様子がよく見える。毎年同じなんだな。余裕をもって見ることができた。二階や三階には、かつての自分のように悩んでいる子も多いだろうな。「でも、大丈夫だよ‼　階が上がると落ち着くよ！」

思わず、笑ってしまいました。そしてその朴訥とした話しぶりから何か安心感のようなものを感じた下級生はたくさんいたのではないかと思います。最後に彼は、自分が中一の頃いらいらしていたのは、将来の大きな目標のようなものがなかったからなのかなと振り返ります。でも、大きな目標がなくても、目の前の小さな目標にしっかり取り組むことで落ち着くことができたのではないかと自分の考えを述べました。「卒業を前にまだ将来の目標のようなものは見つかっていないけれど、だからこそいろんなことに取り組むことができて、もしかしたら幅のようなものが身についたかもしれない。これからもいろんなことに挑戦して、その中から将来の進路が見つかればいいと思っている」と話す彼の姿に、どこか自信のようなもの、高校という新しい世界に入っていくことの前向きな期待のようなものを感じ取りました。

特別である必要はありません。こうでなければいけないと思う必要もありません。「視点」を変えてみたとき、この世界が「捨てたものじゃない」と感じられることがきっとあるでしょう。

そしてもう一つ、ある女子生徒の挨拶です。「私は中二のある時期、学校に通うことができていませんでした」。こんな言葉からその挨拶は始まりました。なぜ通えないのか自分でも本当のところはよく分かっていなかったようです。休みが続くと、ますます学校から足が遠ざかっていきます。今さら学校に行ってもみんなにどんな目で見られるか、何を聞かれるか、それを考えると怖かったというのです。

そんなある日、印象的な出来事が起きました。CDショップで買い物をしていると、ばったりクラスの男子生徒と目が合ってしまいました。「クラスの生徒には絶対に会いたくない、すぐに逃げ出そうとしたけれど、その男子生徒は何を思ったか大きな声で私の名前を呼ぶのです。私はかたまってしまい、動くことができませんでした。何を言われるのか。どうして学校に来ないの？　もっとも言われたくない言葉でした。」

ところが、彼が発した言葉は思いもよらないものでした。「○○さあ、悪いけれど△△坂のこのCD十枚、お金渡すからレジで買ってきてくれない!?」何を言っているのか理解できませんでした。「同じCD十枚も買うの、恥ずかしくて……」

「それを私に頼むの？　私が思い悩んでいたことは何なの？　この人、私のこと何だと思っているの？」言われたとおり代わりにレジで会計をしてあげたそうです。満面の笑み。不登校の話など一言も触れません。でも、その瞬間、気持ちがすっと楽になっていったというのです。

「彼は全くそんな私の気持ちなど分かるはずもなく、ただただ△△坂のCDを買うことができたことで喜びいっぱいでした。」

彼女はその後、学校に通えるようになりました。彼女の心配していたことは起こりませんでした。自分で自分を縛っていたのだと気づいたようです。良い意味で人はそこまで他者に関心を持っていない。逆説のようですが、そこに気づくことで彼女は友だちのやさしさを理解し、感謝する気持ちが芽生えたというのです。学校に戻ってきた彼女は、勉強はもちろん、さまざまな行事にも積極的に取り組み、卒業式でユーモアいっぱいに自らの三年間の成長と周りの人への感謝を語ったのです。△△坂大好きな例の男子生徒は、彼女の言葉に何を感じたでしょうか。もしかすると、全く気がついていないかもしれません。でも、そう考えると人生って面白いと思いませんか。

自分の殻を破るきっかけはどこにあるか分かりません。だからこそ、わくわくできそうなことがあれば行動してみることです。「偶然」が待っているかもしれません。目的なんていりません。結果を求める必要もありません。迷ったときは、楽（らく）なことより楽（たの）しいことを。

もしその行動の一つとして、この本を手に取ってくれ、少しでも心が動くことがあったなら、こんな嬉しいことはありません。

若き教師に向けて

自分は教師に向いているだろうか、教職を目指す多くの学生や若い教師が抱えている問いなのではないでしょうか。私もまたそうでした。人前で話すのが下手。緊張する。生徒を引っ張っていくようなリーダーシップがない。独創的な授業プランを作れるわけでもない。

大きな理想があって教職に就いたわけでもありませんでした。しかし、思い返してみるとそんな苦手意識が原動力になっていたようにも思います。学年主任の先生からあるプロジェクトを任される、ＰＴＡの役員さんから与えられたテーマで話をしたり、文章を書いたりする。断ろうと思えば断ることもできました。でも、ほとんどそれらの要望に応えてきたように思います。どうせうまくできなくても、頼んだほうが悪いのだといったどこか楽観的なところがあったのかもしれません。若さの特権です。若いからこそ、前向きな失敗は許されます。今になって気がつくことですが、苦手だと思っていることに挑戦することで、目の前の世界が広がっていくものだということを強く感じます。そして、教師という仕事の面白さと難しさを理解できるようになっていきました。

元来ものぐさな私は、自ら進んで苦しいことやつらいことをすることはありません。そのような意味で、教師という仕事が私を育ててくれたのだと感謝しています。

若い先生方には、「自律的」であることを目指してほしいと思います。教師という仕事にはこれで良しということはありません。誠実というだけで仕事をしていると続けることができなくなってしまいます。何が自分にとって中心の仕事なのかを理解することです。仕事に優先順位をつけることです。当然のことながら目の前の生徒のことを第一に考えなければなりません。そして自分の専門とする授業についての研鑽を怠ってはいけません。忙しすぎて生徒や授業のことを考える時間がない、これでは本末転倒です。

また、生徒の前に立つ時は元気な状態でいたいものです。自分の趣味や一人の時間を大切にしてほしいと思います。どんな職業でも壁にぶち当たることはあるでしょう。一人で抱え込まないことです。愚痴を言うことも必要です。時に、逃げることも大切です。自分が心穏やかでなければすぐに生徒には見破られてしまいます。他の教師からどう見られるかということに縛られている教師ほど、自分を見失い、ただ忙しい仕事をこなしているようになってしまう気がします。自分の仕事に面白さを見いだせない限り、それは「自律的な教師」とは言えないように思うのです。

そしてもう一つ、生徒の成長を待てる教師になってほしいと思います。中学生は三年間の中で驚くほどの成長を遂げます。ただ、それは後になって気づくことです。不安な生徒に対して、すぐに結果が形となってあらわれなくても「大丈夫だよ！」と言ってあげられる教師であってほしいと思います。小さくて、言葉にならない子どもたちの声に耳を傾ける教師であってほしいと思います。子どもを育てるのに手がかかるのは当たり前です。手がかからないようにという基準で対応を考える教師は、教師としての本当の喜びを感じられないのではないかとさえ感じます。そんな手をかけた生徒が卒業する時、多くの教師の目から涙がこぼれます。

先に述べた卒業式のエピソードは多くの示唆に富んでいます。意図しない偶然の出来事にも私たちは支えられているのです。逆に意図的なやさしさは同調圧力を伴い、心を疲弊させます。教師が「正義」や「正しさ」を持ち込むとき、教育はいびつなものにゆがめられるように思います。教師も当然、未熟な人間です。自分の弱さと向き合えることは人間としての強さなのだと思います。自分に自信がなく、臆病な教師ほど大きな声で威圧し、生徒を管理することで安心しようとします。また、押し付けのやさしさで教師としての自分に意味を与えようとします。いずれも自己満足でしかないでしょう。

以前、ある刑務官の方の計らいで府中刑務所を訪問させていただく機会がありました。所内を歩きながら、受刑者とすれ違います。大変な緊張感です。一通り案内していただいた後、率直に「刑務官というのは大変なお仕事ですね」と、つい言葉が出てしまいました。するとその刑務官の方は、かすかに笑いながら「学校の先生のほうが大変じゃないですか。我々は時間が来れば仕事は終わりです。先生はいつも生徒のことが頭にあるのではないですか。私たちは受刑者に個人的な感情を持ってはいけないんです。すべては規定に従って判断します。迷うことはありません。でも、先生の仕事というのは○か×か、黒か白かで判断すればいいというものではないですよね。一人一人の生徒さんがいて、時と場合に応じて一番良い対応は何かと考えながら判断されるのでしょう。本当に大変なお仕事だと思います。でも、羨ましいお仕事です。」

どちらが大変かという話ではありません。この刑務官の方の言葉には、教師とは何かということがはっきり語られているように思うのです。秩序を守るためという理由で学校でも「管理」が正当化される傾向があります。そして、声の大きな教師が力を持っているように見えてしまいます。そこを見間違わないようにしてほしいということが最後にお伝えしたいことです。信じる力、信頼する力に基礎をおかない限り、教育は成り立たないように思うのです。もちろん、私は失敗の連続でした。でも、そのたびにそうありたいと自分に言い聞かせていたように思います。教師は躊躇し、迷う存在でいいのではないでしょうか。生徒の前で一緒に悩んであげること。生徒が一番求めているのは、そのことなのではないかと思うのです。

今、教師の働き方改革が叫ばれています。たしかにこれまで「自身のやりがい」に支えられ、成り立っていた側面は否定できません。制度の改革は必要でしょう。でも、「自律的」な教師になることなしにこの問題は解決しません。「楽しさ」「喜び」は与えられるものではなく、自ら見つけるものであることは生徒に対してだけでなく、教師自身が自分に言い聞かせる言葉なのだと思います。迷ったときは、楽（らく）なことより楽（たの）しいことを。教師も生徒も同じです。そして、わくわくすることを引き寄せるアンテナには常に磨きをかけておきたいものです。

おわりに

最後までお読みいただき、ありがとうございました。多くの方に支えられてこの本が完成しました。「ほりしぇん」という呼び名は、私が初めて担任を持った学年のある男子生徒によって名づけられました。その年に放映されていたテレビドラマの影響だったのでしょうか、「先生」を「しぇんしぇい」という方言で呼ぶのが男子の一部で流行っていたように思います。今でもはっきりとその時の光景を覚えています。その男子生徒が「堀内しぇんしぇい」と小さくつぶやいたかと思うと、突然廊下を走りだし、「ほりしぇーん!!」と大きな声で叫んだのです。その呼び名は、瞬く間に広まっていきました。たぶん家に帰ってからも親子でそう呼んでいたのでしょう。保護者会でお母さん方と話しているときにも、「ほりしぇん、あっ！　失礼しました!!」保護者の方とは、何度もそんなやり取りがあったりしました。そのたびに笑顔になれました。以降、四十年近く、その名で呼ばれ続けています。

過去を振り返れば、多くの卒業生の顔が浮かんできます。でも、その中には図らずも傷つけてしまったであろう生徒、あの時もう少しうまく対応できていれば、別の声のかけ方があったのではないかといった場面が今でも思い出され、苦しくなることもあります。素直に「ごめんね！」と言うことができていたらどれだけ救われたかと思うことも少なくありません。本書をまとめるにあたって、常に心に引っかかっていたのがそのことでした。

実は、はじめて本を書いてみないかと声をかけていただいてから十年以上の月日がたち、本書が完成しました。それは自分と向き合う時間でもありました。この「おわりに」を書きながら、実は、これらの文章は元来不器用で人づきあいの苦手な私自身に向けて書いていたのではないかという気もしています。

そのような意味で、少しは私も自分の殻が破れたのかもしれないかなという気がしています。今なら、私も「ごめんね！」と「ありがとう！」を素直に言えるかもしれません。でも、そんな彼らのことも絶対に忘れてはいけないと思っています。

私の心の弱さから途中何度も頓挫しそうになるたび、声をかけてくださる方、勇気づけてくださる方が現れました。本を出すということより、自分の書きたいことを書いてみようと思い、それらの文章を少しずつ明星学園中学校の学園ホームページの「中学校ニュース」に連載していきました。生徒や保護者の方々からコメントをいただくようになりました。とても勇気づけられることでした。

今回、みくに出版より書籍として出版していただくにあたり、編集の大吉明佳さんには大変お世話になりました。また、表紙デザインは友人の冨宇加淳さんにお願いしました。信頼のおけるお二人に協力いただけたことは何よりの喜びです。この場をお借りしてお礼申し上げます。

二〇二四年三月　堀内雅人

堀内雅人（ほりうちまさと）
1961年生まれ。早稲田大学教育学部国語国文学科卒業、同大学国語国文学専攻科修了後、1985年より明星学園中学校・高等学校（東京都三鷹市）国語科教諭。2013年度より2022年度まで同学園中学校副校長を務める。愛称、ほりしぇん。2014年より東京女子大学教職課程、非常勤講師を兼務。山と温泉、旅先での食と酒をこよなく愛する。著書に『文学のとびらを開く 近現代文学名作選』（共著・明治書院）がある。

ほりしぇん副校長の教育談義
悩み多き中学生のキミへ、そして若き教師に向けて

2024年5月15日　初版第1刷発行

著者　堀内 雅人
発行人　福村 徹
発行　株式会社みくに出版
〒150-0021 東京都渋谷区恵比寿西 2-3-14
TEL 03-3770-6930　FAX 03-3770-6931
http://www.mikuni-webshop.com

ブックデザイン　冨宇加 淳（m9design）

印刷・製本　株式会社 サンエー印刷

ISBN978-4-8403-0864-9